경제철학의 전환

경제철학의 전환

변양균

바다출판사

4차 산업혁명 시대의 경제철학

국가 정책을 실제로 실행하는 데는 목표와 수단의 관계가 명확해야 한다. 목표가 더 중요할 것 같지만 현실에서는 수단이 더 중요하다. 최상위 목표는 대부분 일차적으로는 자원을 소비하는 분야다. 예를 들면 평화통일, 복지국가 실현, 삶의 질 향상 등이다. 국가경쟁력 강화, 신성장동력 산업 육성, 일자리 창출 등은 최상위 목표를 이룩할 수 있는 자원을 생산·제공한다는 면에서 1차적 수단이다. 동시에 2차적 수단의 목표가 된다.

그러나 이러한 수단조차 실제로 집행하려고 들면 시작부터 기득권의 저항에 가로막힌다. 규제개혁, 노동시장개혁, 교육개혁, 의료개혁 등이 대표적 사례다. 사회 지도층조차 자신의 조그마한 기득권을 지키기 위해 국가 발전을 가로막는 일도 서슴지 않는 의식구조와 행태가 우리 사회에 만연해 있다.

　나는 노무현 정부에서 '비전 2030' 수립을 주도했다. 우리 경제의 목표와 수단을 체계적으로 해결해보기 위해 수립한 장기 실천계획이었다. 목표는 국민의 '삶의 질 향상'이었다. 1차적 수단은 '재원 배분의 전환'과 '사회적 자본social capital의 확충'이었다. 전자는 성장은 물론 중요하지만 물량적 성장만으로는 한계가 있음을 인정한다는 취지였다. 후자는 선진국이 되기 위한 '내면적 조건'이 무엇보다도 신뢰사회의 구축이기 때문이었다. 실천 가능성을 제고하기 위해 소요 재원도 점검했다. 하지만 소요 재원 제시는 언론과 정치권으로부터 '세금폭탄' '허황된 계획'이라는 '융단폭격'의 기폭제가 되었다. 여당과 야당, 진보와 보수 모두에게 공격당했다.

　'비전 2030'을 작성·발표한 지도 10년이 훨씬 지나갔다. 국민의 삶의 질을 높이기 위해 추구하고자 했던 혁신과제(정책수단) 50개는 아직도 팽개쳐져 있다. 지금이라도 다시 시작해야 한다. 그러나 단순히 다시 시작하는 것이 능사는 아니다. 10년 동안 세월만 흐른 것이 아니다. 세상이 완전히 바뀌었다. 당시는 정보화사회가 꽃피기 시작하던 시점이었다. 인터넷으로만 연결되던 때였다. 이제는 모바일로 대표되는 초연결hyperconnected 시대조차 넘어서, 인공지능A.I. 시대로 들어서고 있다.

지금도 우리가 추구해야 할 최상위 목표는 '비전 2030'을 수립하던 때와 크게 달라진 것이 없다. 그러나 수단은 달라져야 한다. 시대가 바뀌었기 때문이다. '비전 2030'을 수립할 때만 해도 '3차 산업혁명' 시대였다. 지금은 '4차 산업혁명' 시대다. 시대에 맞게 정책수단이 완전히 달라지려면 수단 전체를 관통하는 철학이 제시되어야 한다. 수단별 접근에는 각각의 장애물이 등장하기 마련이다. 크든 작든 기득권의 저항에 부딪히기 때문이다. 왜 바꾸고 개혁해야 하는지에 대한 이유를 제시하고 불안을 제거해주는 철학이 제시되어야 한다. 아직도 우리나라가 농업사회를 끝내고 산업사회를 꽃피우던 시대에 있다고 착각하는 사람이 너무나 많기 때문이다. 설득하고 이해를 구해야 한다. 그러나 설득과 이해만으로는 부족하다. 대립하는 이해 당사자가 이익을 서로 공유win-win할 수 있는 대안을 제시해야 한다. 이러한 대안은 현안을 한꺼번에 해결할 수 있는 패키지 딜package deal이어야 한다.

슘페터식 성장정책이 답이다

20세기 가장 위대한 경제학자 두 명이 케인스John M. Keynes와 슘페터Joseph Schumpeter라는 사실에는 이론의 여지가 없을 것이다. 경제를 발전시키고 활성화하는 방안에 대하여 케인스는 금융정책과 재정정책의 정책혼합policy-mix을 주장했다. 한마디로 수요 확대다. 여태까지 우리의 경제정책은 여기에 매달려왔다. 지난 30년간 나의 경제관료 생활도 케인스주의 철학과 정책을 수행하는 일이었다. 하지만 이제 우리는 케인스주의의 한계를 실감하고 있다. 단기적 통화정책으로 경기를 부양하려던 조치들은 장기적으로 볼 때 분배구조를 악화시키는 역효과를 낳았다. 양극화는 심화되었고, 낙수효과는 미미했다.

더욱이 지금은 4차 산업혁명 시대다. 기업가들이 노동·토지·자본이라는 생산요소를 자유로이 결합하여 '창조적 파괴'를 할 수 있어야 미래의 성장을 약속할 수 있다. 이것이 내가 슘페터에 주목하는 이유다. 4차 산업혁명은 슘페터식 '공급 혁신'에 의한 새로운 수요의 창출이 절실한 시대이기 때문이다. 슘페터식 혁신을 추구해야 우리 경제의 구조적 경쟁력이 강화되고, 장기적 경제성장을 꾀할 수 있다. 그래야 일자리도 쏟아진다. 물론 경제 활성화를 위해 재정의 확대는 필요하다. 슘페터도 재정정책의 역할을 인정했다. 그렇지만 어디까지나 재정을 케인스식 '수요 확대'가 아닌 슘페터식 '공급 혁신'을 위해 쏟아부어야 한다.

그러나 창의와 혁신이 활발히 샘솟는 기업가정신의 자유로운 발현을 기대하기 어려운 것이 엄연한 우리의 현실이다.

무엇보다 노동·토지·자본 등 생산요소의 자유로운 결합이 구조적으로 어렵기 때문이다. 내가 이 책에서 케인스주의의 대안으로 제안하는 슘페터식 성장정책의 핵심은 이러한 장애요인들을 국가가 적극적으로 나서서 해소해주자는 것이다. 구체적 방법으로 나는 네 가지 자유를 제안한다.

첫째, '노동의 자유'를 위해서 국가는 노동자들에게 기본수요basic need를 충족해주어야 한다. 기본수요란 주택, 교육, 보육, 의료, 안전을 모두 포함하는 것으로, 기존의 실업자 대책 수준을 훨씬 넘어서는 개념이다.

둘째, '토지의 자유'를 위해서 수도권 투자에 따라 발생하는 이익을 비수도권과 나누어야 한다. 특별기금을 설치하고, 고향기부금 같은 세금공제제도를 마련해야 한다.

셋째, '투자의 자유'를 위해서 국가자본주의식 정부 규제를 과감하게 떨쳐버려야 한다. 법에 허용된 사업만 허용하는 포지티브positive 규제에서, 법에서 명시적으로 금지하지 않는 사업은 원칙적으로 허용하는 네거티브negative 규제로 전환해야 한다.

마지막으로, '왕래의 자유'를 위해서 국가 운영 자체가 세계를 향해 열려 있는 플랫폼platform 국가를 지향해야 한다. 그럴 때에만 경제 안정은 물론이고 강대국에 둘러싸여 있는 우리나라의 안보도 보장된다.

이해 당사자 집단들이 첨예하게 대립하고 있는 이 문제들은 각각 개별적으로가 아니라 '패키지 딜'로 추진해야 실천 가능할 것이다. 그러나 이 네 가지 자유가 성공적으로 실현된다면 각 이해 당사자들이 서로 실질적 이익을 공유할 수 있게 되리라고 확신한다.

함께 잘사는 사회를 위하여

우리는 '무엇'을 해야 하는지는 대체로 알고 있다. 정치인, 언론, 사회 지도층이 항상 주장하고 있기 때문이다. 그러나 그들은 '어떻게' 해야 하는지에 대한 방안은 별로 제시하지 않는다. 이제 우리 사회는 추상적으로 '무엇'을 해야 하는가에 대해서보다는 구체적인 '방법'에 대한 논의가 많아져야 한다고 생각한다. 피터 드러커는 "기업가정신이란 과학도 기술도 아니며 다만 실천일 뿐이다."[1]라고 말했다. 이제는 기업가정신의 '실천'이 가능하도록 구체적 '방법'이 제시되어야 한다.

'비전 2030'이 폐기되던 즈음에 나는 30년의 공인 생활을 끝마쳤다. 홀가분한 사인 생활을 한 지 10년이 넘었다. 세상의 변화를 제3자의 관점에서 지켜보았다. 혼자 편히 살기에는 실망스러운 상황이다. 해결책을 제시해야 하는 것이 나의 의무

1 　피터 드러커,《혁신과 기업가정신Innovation and Entrepreneurship》, 1985.

라고 생각한다. 나는 평생을 국가기획과 경제정책 업무에 종사했다. 그동안의 경험과 지식을 모아, 향후 경제정책의 수단들을 관통하는 철학을 이 책에서 제시해보고자 한다. 그리고 그 철학을 어떻게 실천해야 하는지 구체적인 방법을 제시해보고자 한다.

이에 따른 실천이 우리 경제의 성장과 함께 일자리가 쏟아지는 긍정적인 결과로 나타나리라 확신한다. 더 나아가 노동자, 기업가 모두 지금보다 자유로워질 것이다. 각자 자신이 원하는 삶에 한 걸음 더 다가서게 될 것이다. 내가 제안하는 슘페터식 성장정책은 경제주체들 간의 상호신뢰 회복을 통해 서로 이익을 공유하겠다는 사회적 합의를 전제한다. 그것이 우리 사회가 '사람이 사람답게 사는 사회' '함께 잘사는 사회'로 나아가기 위해 요구되는 선결 과제라고 생각한다.

한 가지 당부할 것은, 이 책에 제시된 여러 가지 구체적 정책 대안들은 어디까지나 관련 논의를 확대하기 위한 전략적 포석이라는 점이다. 그동안 우리의 정책 논쟁은 지나치게 이념에 치우쳐 실제로 가능한지, 어떤 효과가 예상되는지 가늠해보지도 않고 이념으로 재단하는 경우가 많았다. 구체성은 당파성을 뛰어넘고, 명백한 팩트는 정제되지 않은 이념을 부끄럽게 한다고 믿는다. 이 책에서 제시한 구체적인 대안들이 더 생산적이고 건설적이고 실용적인 논의를 위한 재료로

읽혀지기를 고대한다. 독자들이 더 효율적이고 혁신적인 대안을 제시해준다면 저자로서는 감사할 따름이다.

이 책은 나 혼자만의 지식과 경험으로 쓰이지 않았다. 약 2년간에 걸친 전문가들과의 토론과 논의에서 나온 결과물이다. 수많은 사람들의 도움도 받았다. 특히 비판적 시각에서 조언을 해주신 고려대학교 경제학과 김균 교수, 철학과 조성택 교수, 전 명지대 노성태 학장, 전 이화여대 김원용 교수에게 감사드린다. 물론 책 내용에 대한 책임은 전적으로 나에게 있다.

I 경제철학의 전환

1

케인스식 수요 확대에서 슘페터식 공급 혁신으로

케인스주의를 넘어서

제2차 세계대전 후 가장 위대한 경제학자를 꼽는다면 케인스와 슘페터일 것이다. 이 중에서도 정부정책에 대한 영향력, 정부정책으로 채택된 면에서 보면 단연코 케인스다. 그동안 케인스 이론은 현실에서나 이론적인 면에서 한계와 문제점이 수없이 제기되었다. 그럼에도 우리나라는 물론이고 미국 같은 나라에서도 여전히 위력을 발휘하고 있다. 특히 저성장·경제불황을 극복하는 측면에서 그렇다. 요시카와 히로시는 《케인스 VS 슘페터》에서 "(경제학) 이론의 세계에서는 케인스 이탈이 진행되고 있지만, 현실의 거시경제정책, 특히 금융정책이 케인스적인 재량정책에서 이탈한 적은 지금까지 단한 번도 없다."[2]라고 단언한다. 30년 이상을 국가기획 업무에 종사하면서 거시경제정책을 다루어온 나의 경험에 비추어보아도 틀림없는 이야기다.

왜 슘페터보다는 케인스일까?

한마디로 정책 당국자, 관료들의 속성 때문이다. 슘페터는 '공급+중장기' 이론이다. 케인스는 '수요+단기' 이론이다. 그리고 보면 슘페터는 단기적인 불황 극복 이론을 제시한 적이 없는 듯싶다. 정책 당국자는 당연히 단기 대책에 빠지게 마련이다. 그리고 사용 가능한 정책 수단도 공급 확대보다는 수요 진작이 더 많다. 정책 내용도 금융정책과 재정정책을 혼합하는 정책혼합이다. 간단히 설명하면 통화량의 팽창과 수축, 재정의 확대와 축소를 '계량적'으로 조정·제어하는 것이다. 계량적으로, 숫자로 표현할 수 있기 때문에 더욱 그럴듯해 보인다. 따라서 국민들의 지지도 더 받을 수 있다. 케인스주의 정책은 한마디로 '팬시 케이크fancy cake'다.

반면에 슘페터는 불황이 별것 아니라 자본주의 발전의 필요악이고 '자본주의에 이로운 찬물 벼락'이라고 보았다. 이 때문에 슘페터의 하버드 대학 제자들도 대부분 케인스주의자가 되었다. 새뮤얼슨Paul Samuelson, 솔로Robert Solow, 머스그레이

---

2 요시카와 히로시吉川洋, 《케인스 VS 슘페터》, 신현호 옮김, 새로운 제안, 2009.

브Richard Musgrave, 갤브래이스John K. Galbraith 등이 이에 포함된다. 슘페터의 이론은 수학의 뒷받침이 없는 서술식이어서 경제학을 과학으로 공부하던 많은 경제학자들에게는 부담이 되었던 듯하다. 오히려 경영학을 공부한 피터 드러커 같은 사람들이 그의 제자가 되어 경영학 발전에 기여하게 된다.

이 세상에서 장기적으로 생각하고 장기적인 정책 수단을 실행에 옮기는 정책 당국자, 관료는 찾기 어렵다. 공공선택 이론으로 노벨경제학상을 수상한 미국의 경제학자 뷰캐넌James McGill Buchanan, Jr.은 이렇게 말했다. "정치인과 정부관리는 다른 사람과 마찬가지로 개인의 이익을 좇는다. 재선을 노리거나 더 큰 권력을 얻으려고 하지, 항상 공공의 이익을 위해 행동하지는 않는다." 공공을 위하여 자기의 이익을 희생하는 공인은 거의 없다. 개인적인 인성이 나빠서 그런 것이 아니다. 관료들도 그저 우리와 똑같은 인간이기 때문이다. 더욱이 우리나라의 정치사회 시스템이 장기 대책은 용납하지 않는다. 기다려주지 않는다. 대통령 5년 단임제의 영향이 클 것이다. 어느 정부든 임기 내에 가시적인 결과가 나오지 않는 정책에 대해서는 관심과 노력을 거의 기울이지 않는다.

다음의 그림[3]을 가지고 좀 더 설명해보자. 정부는 정책 성과가 좋지 않으면 1단계로 통제를 강화하고, 2단계로 전략을 수정하지만, 정책을 근본적으로 바꾸는 3단계로 나가지는 못

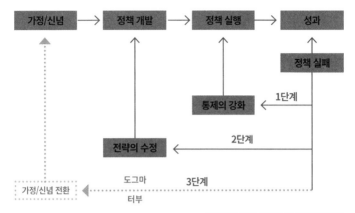

정책 의사결정 과정과 경제철학의 전환

한다. 예를 들어 경기부양을 위해 금리를 낮춰도 효과가 없으면 1단계로 금리를 더 낮춘다. 그래도 안 되면 2단계로 추경을 편성한다. 하지만 금융과 재정 정책이 아닌 새로운 정책이 필요하다는 생각(3단계)은 하지 않는다. 생각을 하더라도 시도하지 않는다. 3단계는 신념·철학의 전환이며 장기적인 결과를 기대하기 때문이다.

3   출처: 마이클 디트리히M. Dietrich(1994), 《거래비용 경제학을 넘어서Transaction Cost Economics and Beyond》, 145쪽에서 수정.

슘페터의 '창조적 파괴'라는 대안

슘페터식 경제정책은 한마디로 기업가가 부단히 '혁신'을 일으킬 수 있는 여건을 조성해주는 방식이다. 즉 기업가가 생산요소들 간의 자유로운 신결합new combination, 창조적 파괴creative destruction를 활발히 할 수 있는 토대, 기업환경을 마련해주는 것이다.

슘페터는 기업가entrepreneur를 "생산의 3요소(토지, 노동, 자본)를 결합하는 일을 직분으로 삼는"(따라서 지주, 노동자, 자본가와 구별되는) '제4의 인격체'로 본다. "기업가는 신결합을 수행하는 경제주체이므로 일상 업무만 처리하는 경영자는 기업가가 아니다. 기업가가 움직이는 동기는 좁은 의미의 이득이나 금전 욕심이 아니라 ①사적 제국(자신의 왕조), ②승리의 의지(성공 의욕), ③창조의 기쁨 때문이다."

요시카와 히로시는 《케인스 vs 슘페터》에서 슘페터의 경제발전 이론의 핵심을 다음과 같이 요약한다.

"우리는 수요곡선과 공급곡선이 교차하는 앨프리드 마셜 이후의 분석도구에 익숙하다. 그러나 동학적 관점에서 보면 수요와 공급은 늘 명쾌하게 양분할 수 없다. 동학의 대상이 되는 변화의 주도권은 어디까지나 생산자 측에 있다. 그 핵심이 되는 것이 바로 '신결합/혁신'이다. 5가지 신결합/혁신은 ①새로운 창출, ②새로운 생산방법의 개발, ③새로운 시장의 개척, ④새로운 원자재 공급원의 발굴, ⑤새로운 조직의 실현이다. 기업가는 신결합/혁신을 수행하고, 은행가는 자본가로서 권능을 제공한다."

여기서 '신결합/혁신'을 수행하는 기업가란 실리콘밸리나 하이테크 기업의 기업가를 의미하지 않는다. 피터 드러커는 "발명가Inventor가 아닌 혁신가Innovator이어야 하며, 투기자가 아닌 기업가라야 한다."라고 말했다.

'상품·서비스에 대한 수요는 반드시 포화한다'라는 명제는 케인스뿐 아니라 슘페터도 인정했다. 하지만 대책은 다르다. 케인스는 수요 부족을 주어진 조건으로 보고, 정부가 유효수요를 확대하는 정책을 펴야 한다고 주장한다. 반면에 슘페터는 수요 포화상태의 상품·서비스를 대체할 새로운 상품·서비스를 창출해야 한다고 주장한다. 그래서 혁신이 필요하고, 혁신이 자본주의 경제에서 기업가의 역할이라고 강조한다. 혁신이 계속되면 항구적으로 수요 포화상태는 없다고 보는 것이다. 내 생각에 케인스의 주장이 투입으로 산출이 결정된다고 여기는 물리학적 주장이라면, 슘페터는 투입과 산출이 반드시 일치하는 것은 아니라고 보는 생물학적 세계관에 가

4 피터 드러커, 같은 책.

까운 듯하다.

슘페터는 재정정책의 효과에 대해서는 전향적으로 평가한 반면, 이자율 조정으로 거시경제에 영향을 미치는 금융정책의 효과에 대해서는 무척 회의적이었다. 슘페터는 "불황이 악순환 구조에 빠질 위험이 있을 때 적절하고도 충분한 규모로 실행되는 정부 지출은 갑작스런 파국을 막는 데 큰 힘을 발휘한다."라고 말했지만, 불황기에 금리를 낮추는 것은 "정치적 의식a piece of political liturgy에 불과하다."라고 했다. 프리드리히 하이에크Friedrich Hayek는 "까다로운 경제문제를 해결할 단순한 정책은 없다. 정부의 잘못된 경제계획은 상황을 더 악화시킬 뿐이다."라고 말했다. 나의 경험으로 볼 때에도 틀림없는 주장이다. 정부는 '제4의 인격체'가 지유롭게 생산요소를 결합하여 '창조적 파괴'가 수없이 일어날 수 있도록 생태계를 만들어주어야 한다. 그러면 국민경제는 성장·발전하게 된다.

불황 탈출의 두 갈래 길

앞서 기술했듯이, 1930년대 대공황 이래 자본주의 국가의 경우, 정부 경제정책의 근본 철학은 케인스 이론이었다. 하지만 구조개혁이 당면 과제인 지금 우리나라 경제에서 케인스식 정책은 효과 면에서 제약이 많다.

케인스 이론의 핵심은 단기 재정정책 또는 금융정책을 통한 총수요 관리와 완전고용이다. 케인스가 활동하던 당시 영국은 사업혁명의 성과로 노동, 자본, 기술 등 공급 측 요인들은 안정된 반면 수요가 부족했다. 정부가 확장적인 재정·금융 정책을 통해 총수요를 자극하면 경기변동을 줄일 수 있었다. 케인스 정책은 제2차 세계대전 후 각국 경제정책의 기본 철학으로 채택되었다. 단기 정책이기 때문에 효과가 분명했고 이론적 토대가 탄탄하기 때문에 관료와 정치인들이 모두 선호했다. 특히 정책 내용과 효과를 숫자로 표시할 수 있었다. 한마디로 팬시 케이크였다.

하지만 1970년대 중반부터 한계가 노출되었다. 석유파동으로 공급 부문에서 충격이 발생하여 물가가 상승하면서 금융정책을 쓰기 어려워졌고, 사회복지비 지출 증대로 재정 적자가 확대되어 재정정책도 구사하기 어려워진 가운데 스태그플레이션이 지속되었기 때문이다. 이러한 상황에서 창조적 파괴와 혁신을 통해 경제의 공급 능력을 효율화하고 확충하는 슘페터식 경제정책이 새롭게 조명되었다.

1980년대 중반 미국을 비롯한 선진국 정부들은 케인스식 거시관리정책보다 경제 전체의 구조개혁을 통해 공급 능력을 확충하는 장기 구조개혁 정책에 착수했다. 슘페터주의는 케인스주의와 달리 장기적인 경제 변동에 관심을 두어 정책 성과를 쉽게 입증하기 어렵다는 단점이 있었다. 또한 구체적인 정책 수단을 제시하지 못해 경제정책으로는 매력이 별로 없었다. 구조개혁의 필요성이 강조되면서 비로소 새롭게 주목받기 시작한 것이다.

슘페터주의로의 전환, 구조개혁의 필요성은 특히 미국에서 성과를 거두었다. 1990년대에 꽃피우기 시작한 미국의 3차 산업혁명은 이미 1980년대 중반부터 활발한 움직임을 보였고, 이에 따른 성과가 나타나기 시작했다. 1970년대 중반에 들어서면서 암울한 전망이 대세를 이루었던 미국 경제가 10년 후인 1980년대 중반에는 전혀 다른 결과를 나타냈다. 이 10년간을 우리는 눈여겨볼 필요가 있다. 이 10년간은 미국의 '굴뚝산업'이 거의 파멸의 궁지로 빠져든 시기였다. 하지만 결과는 전혀 달랐다. 역설적으로 이 기간에 미국에서는 폭발적인 취업인구 증가가 있었다. 서구에서는 이 기간 중에 300~400만 명의 취업인구 감소가 있었다. 반면에 미국은 2400만 명의 취업인구가 증가했다. 심지어 당시 황금기를 구가하고 있던 일본보다도 취업자수 증가율이 2배나 높았다. 피터 드러커는 《혁신과 기업가정신》에서 이 시기를 미국이 '경영관리적 경제'에서 '기업가적 경제'로 현저하게 옮겨가고 있던 시기였다

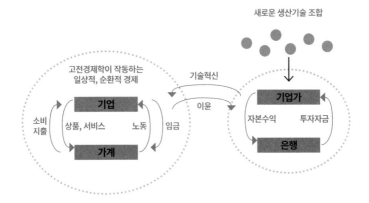

고 표현했다.

　위 그림[5]에서와 같이, 슘페터는 초과이윤 획득을 위한 기업가의 혁신 노력이 자본주의 발전의 원동력이라고 주장한다. 기존 경제에 새로운 노동과 자본 그리고 생산기술의 조합을 투입하는 것이 불황의 탈출구라는 지적이다.

　슘페터는 케인스식 재정정책의 효과는 일부 인정했지만, 금융정책은 정치적 제스처에 불과하다고 비판했다. 근본적으로 케인스식 단기 수요 창출 정책보다는 기업가의 혁신을 유도하는 것이 국가의 역할이라는 주장이다.

5　출처: Singh, B.P. and Mishra, A.K.(2015), " Researching relationship between financial and real sector in India ," Indian Journal of Economic Development, 11(4)에서 작성.

	케인스식 경제정책	슘페터식 경제정책
경제 인식	•불황의 원인은 수요 부족	•불황의 원인은 혁신(공급) 부족
정책 목표	• 완전고용 • 단기 경제변동 관리	•구조적 경쟁력 강화 •장기 경제성장
정책 수단	•총수요 관리 (재정정책 및 금융정책)	•재정정책은 일부 인정 •금융정책은 정치적 제스처이며 정책 효과 없음 (금융은 혁신을 연결하는 파이프라인 역할이 중요) •장기 구조개혁 (혁신적 경쟁환경 조성)
기간	• 단기	•장기

케인스와 슘페터의 경제정책 비교

왜 케인스가 아니라 슘페터인가?

2009년 미국 국가경제회의 위원장 로런스 서머스Lawrence Summers는 "21세기 가장 중요한 경제학자는 슘페터"이고 경제 회복의 엔진은 혁신이라고 주장하며, 정부의 역할도 슘페터 에서 찾을 것을 제안했다. 미국의 기업생태계는 슘페터가 제 시한 혁신의 조건이 갖추어져 있고, 이미 작동하고 있다. 경기 침체 해결의 열쇠를 슘페터에서 찾자고 하는 것은 비단 미국 만이 아니다. 영국에서도 슘페터 이론을 받아들여 고용친화

適employment friendly 사회보장제도인 '제3의 길'로 가고 있으며, 이미 상당한 성공을 거두었다.

경제철학을 슘페터주의로 전환할 필요성은 다른 나라보다 우리나라가 훨씬 절실하다. 그 이유는 다음과 같다.

① 케인스식 금융·재정 정책에는 한계가 있다

설령 금융정책이 효과가 있다 하더라도 한국경제는 전형적인 소규모 개방경제small open economy이기 때문에 과감한 금융정책의 활용에 제약이 있을 수밖에 없다. 총수요 부양 정책으로는 경제의 장기 하락 추세를 역전시킬 수 없다. 한국경제는 전 세계적으로 볼 때 대외 개방도가 높은 반면 대외 충격을 흡수하기에는 규모가 너무 작다.[6]

금융정책의 경우 국내외 금리차가 커지면 급격한 자본 유출입과 환율 급등락으로 금융시장이 불안해지고 곧바로 위기로 연결될 수 있다. 때문에 제로 금리나 양적 완화 등 과감한 정책이 사실상 불가능하다.

그에 비해 재정정책은 아직도 여유가 있는 편이다. 그러나 재정정책도 한계는 있다. 재정 적자가 지나치게 커지면 국

---

6 2015년 무역의존도(통관 수출입/GDP, %): 한국 69.9, 중국 36.3, 일본 30.9, 미국 20.8, 무역협회 및 한국은행 DB.
2013년 말 주식시장 외국인 투자 비중(%): 한국 35.2, 일본 31.0, 미국 15.3, 금융투자협회.

가 신용도가 떨어지고 외국인 자금이 이탈할 우려가 있다. 저출산 고령화 리스크 때문에 더욱 더 재정정책의 활용에 한계가 있다. 특히 1970년대 경제개발 과정에서도 다른 개도국과 달리 재정의 건전성을 중시해왔기 때문에 국민들이 재정 적자에 극도로 민감하다. 정치적으로 선택하기 어려운 정책 옵션이다.

②'소득 주도 성장론'도 슘페터식 경제정책과 같이 가야 한다

소득 주도 성장론의 이론적 기반은 유효수요 창출을 중시하는 케인스주의 사고에 기초하고 있다. 기존 케인스식 경제정책의 일부 수정이다. 근본적 철학의 전환은 아니다. 슘페터식 성장론이 뒷받침되어야 장기적 완성이 가능하다.

'근로자 소득 증가 → 소비 증가 → 투자 증가 → 성장률 증가'의 연관성을 강조하는 것은 타당하다. 소득 주도 성장론은 내수 중심 성장론과 궤를 같이한다. 내수 중심 성장론은 우리 경제가 수출에만 의존해서는 더 이상 성장하기 어렵다는 점에서 타당한 면이 있다. GDP의 7~8%에 달하는 대미 경상수지 흑자가 몇 년째 지속되면서 트럼프 미 대통령으로부터 나오는 보호주의 압력이 우리나라를 정조준하고 있다. 특히 수출로 인한 낙수효과를 기대하기 어렵다는 측면에서 내수도 키워나가야 하기 때문이다.

유럽의 진보적 경제학자들이 전후 호황의 배경으로 생산성보다 '높은 임금 → 소비 증가 → 투자 증가'의 선순환을 지적한 이래 소득 주도 성장론이 관심을 끌었다. 싱가포르는 1980년대 초반에 소득 주도 성장정책으로 경제구조까지 선진형으로 바꾸는 선제적 대응에 성공했다.[7] 그러나 선진국의 복지국가 모델이 한계에 봉착하고 글로벌화에 따른 경쟁 격화로 오늘날에는 현실 적용에 어려움을 겪고 있다.

임금의 인위적 상승을 통해 소비 증대를 도모하는 정책은 우리나라의 인구 구성 추이를 보아도 한계가 있는 정책이다. 옆의 그림[8]과 같이 우리나라의 45~49세 인구 규모는 2018년에 절정을 이루었다가 급격한 하향 추세로 축소된다. 물론 개개인의 평생주기 소비 행태는 나라마다 다를 것이다. 그러나 45세부터 49세 사이가 가장 소비 활동이 활발하다는 것이 선진 각국의 거의 일치된 통계 수치다.

2015년 민간 소비는 GDP의 49.5%를 차지하고 있어 민간 소비 확대로 잠재성장률을 1%p 상승시키려면 소비증가율

---

7   우리나라에서도 내수 중심의 경제성장이 가능했던 시기가 있었다. 1980년대 후반 노동자대투쟁 이후 임금과 소득이 크게 오른데다 3저 호황으로 수출과 투자가 호조를 보이면서 내수 중심의 성장 기조가 유지되었다. 그러나 이로 인한 구조조정의 지연, 외환 관리 실패로 경제위기를 경험한 이후 내수와 수출의 연관이 크게 약화되면서 내수 주도의 성장이 현실적으로 어렵게 되었다. 삼성경제연구소(2006), 《한국경제 20년의 재조명: 87년 체제와 외환위기를 중심으로》 참조.

8   출처: 통계청(2011), 〈장래인구추계〉

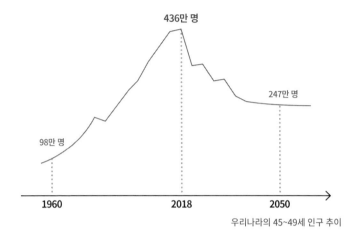

우리나라의 45~49세 인구 추이

이 지속적으로 2%p 상승해야 하며, 이를 위해서는 명목 임금소득이 연 9.3% 상승해야 할 것으로 추정된다. 임금은 가계소득이고 소비의 원천인 동시에 기업의 비용이라는 사실도 염두에 두어야 한다. 그렇다고 최저임금제의 인위적 인상과 기본소득제도의 효용성을 부인하는 것은 아니다. 당연히 임금억제 정책도 바람직하지 않다. 임금 억제 정책은 경제정책의 궁극 목표에서 벗어나는 정책이기 때문이다.

인위적 임금 상승보다는 저비용 사회로 우리 사회를 구조조정하여 실질적인 가계소득을 높여야 한다. 요즈음 많이 쓰는 '가성비'란 단어에 우리는 유의해야 한다. 젊은 친구들의 대화를 들어보면 호프집을 고를 때에도, 노트북 하나를 살 때에도 가성비를 따진다. 우리 속담에 '싼 게 비지떡'이라고, 값이 싸면 품질이 형편없다고 여겼지만 이제는 더 이상 아니다. 가격과 성능, 품질을 두루 꼼꼼하게 따지는 소비자들이 존재하고 저가격·고품질이 하나의 물건에 공존한다. 가성비 트렌드는 저성장 시대가 낳은 이 시대의 풍경일 것이다.

저성장 시대에 국가는 무엇을 해야 할까? 성장이 중요하지만, 경제성장률 수치가 1차 목표가 되어서는 안 된다. 경제성장은 국민소득 향상의 필수조건이지만 충분조건은 아니다. 박승 전 한국은행 총재의 진단처럼 현 위기의 본질은 저성장으로 인한 성장 위기가 아니라 민생고로 인한 민생 위기다.[9] 성장이 좀 된다 해도 낙수효과가 작동하지 않는 현실에서는 한계가 더욱 분명하다. 가장 먼저 해야 할 일은 우리 국민들이 기본적인 생활을 해나갈 때 비용이 많이 발생하지 않는 구조를 만들어주는 것이다. 기본적인 삶을 영위할 수 있는 비용이 저렴해지면 저성장 사회에서도 우리 국민들은 가족 속에서 행복한 삶을 유지할 수 있다. 가장 대표적인 분야가 주거, 교육, 보육, 의료, 레저 분야다. 안전도 중요하다.

중산층의 주거비 문제는 심각하다. 저렴하면서 질 좋은 장기임대주택 공급을 획기적으로 확대하여 주거비를 낮춰주

9　박승(2016), 〈한국경제 위기와 구조개혁〉, 《한국경제포럼》 9(2), 한국경제학회.

어야 한다. 사교육비 부담도 낮아져야 한다. 유아원을 비롯하여 일반적인 학교 교육만으로도 안심할 수 있도록 공교육의 질을 높여야 한다. 사교육비와 주거비, 이 두 가지 문제만 해결해도 생활가처분소득은 훨씬 여유가 생긴다. 주거와 교육 등은 노후 불안의 핵심 요소다. 이 문제를 해결해준다면 소비가 늘어나는 효과도 기대할 수 있다. 과거 우리의 앞 세대가 국가의 토목 인프라, 정보기술IT 인프라를 구축했기에 오늘날 우리가 저렴한 물류비용을 지불하고, 높은 수준의 통신생활을 누리고 있는 것이다. 이처럼 사회구조 자체를 적은 비용으로도 살아갈 수 있도록 국가가 만들어주어야 한다. 이것이 사실상의 소득 증대 정책이다.

③ 성숙 단계로 접어든 한국경제에 시급한 것은 '창의'와 '혁신'이다

현재 한국경제 최대의 과제는 성장 잠재력 확충을 위한 구조개혁이다. 경제 전반의 생산성 향상 속도가 하락하고 있다.[10] 투자효율성(경제성장률/투자율)도 크게 하락하고 있다. 투자효율성은 1995년 0.25를 기록하다가 외환위기 이후 구조개혁으로 2000년 0.27로 높아졌으나 이후 지속적으로 하락하여 2015년에는 0.09로 하락했다.

10 총요소 생산성 증가율(기간 중 연평균, %): 4.2('81~90) → 2.7('91~97) → 2.2('98~08) → 1.4('09~15).

생산성이 낮은 부문sunset sector의 인력, 자본, 기술을 생산성이 높은 부문sunrise sector으로 원활하게 이동시킬 수 있어야 한다. 우리나라 경제는 이미 성숙 단계에 들어서 있다. 저출산·고령화 리스크가 눈앞에 다가온 상황이다. 정보화 시대에는 노동과 자본의 양적 투입보다는 인력과 자본을 다양한 방식으로 새롭게 결합하여 생산성을 제고해야 한다. 최우선 정책 목표를 슘페터가 주장하는 창의와 혁신이 가능한 경제 인프라를 구축하는 것으로 삼아야 한다. 공급 부문의 효율성 강화에 두어야 한다. 노동과 금융시장의 유연성을 확대하고 기업 간 경쟁을 활성화해야 한다. 정부는 이러한 구조개혁 과정에서 발생하는 불확실성을 관리하면서 각 경제주체가 창의와 혁신을 발휘할 수 있는 환경을 조성해주어야 한다.

④ 4차 산업혁명은 부단한 혁신을 요구한다

슘페터의 경제철학은 산업과 기술혁명의 격변기에 적합하다. 이제 우리는 '4차 산업혁명'으로 불리는 신산업 격변기를 맞이하고 있다. 한국도 혁신 속도를 높여야 글로벌 경쟁을 뚫고 생존이 가능하다. 글로벌 혁신의 흐름에 도태되지 않도록 한국도 노동과 자본의 자유로운 산업 간 이동을 통해 경제의 혁신 속도를 배가해야 한다. 이제는 정부가 정책을 펴서 직접 자원을 배분하고 지시하는 것이 아니라 경제주체가 기업가적 혁신을 발휘할 수 있도록 유연성을 보장해주는 쪽으로 바뀌어야 한다. 이러한 과정에서 정부는 특히 사회갈등을 조정·관리하는 역할을 맡아야 한다.

이상으로 케인스주의와 슘페터주의라는 두 경제철학의 특징을 간략히 비교하면서, 4차 산업혁명을 맞이하는 우리의 현 상황에서 슘페터식 성장정책으로의 전환이 필요한 이유를 살펴보았다. 다음 장에서는 슘페터식 혁신을 어렵게 하는 우리 경제의 여러 구조적 문제점을 고찰하면서, 슘페터식 혁신을 활성화하기 위한 국가 구조개혁의 방향을 모색해볼 것이다.

2

새로운 성장의 길
슘페터식 성장정책의 기본방향

공급 혁신을 통한 새로운 성장

먼저 다음 쪽의 두 사진을 비교해보자. 1900년도와 1913년도의 부활절에 미국 뉴욕 맨해튼 5번가의 동일한 위치의 길거리 모습을 촬영한 유명한 사진들이다. 길거리를 가득 메웠던 마차들이 불과 10여 년 만에 자동차로 완전히 바뀌었다. 100년도 훨씬 전인데도 불구하고 13년 만에 길거리의 풍경이 완전히 변해버린 것이다. 이러한 풍경의 급변은 금융·재정의 확대정책 때문에 나타난 '수요 확대'일까? 아니면 기업가의 공급 혁신 때문에 발생한 '수요 창출'일까?

공급 혁신으로 이루어지는 '새로운 수요의 탄생'은 마치 컴퓨터의 성능이 끊임없이 업그레이드되면서 종전의 저성능

1900년(왼쪽)과 1913년(오른쪽) 뉴욕 맨해튼의 거리 풍경

컴퓨터에 대한 수요는 포화되었지만 새로 개발된 고성능 컴퓨터에 대한 새로운 수요를 창출해나가는 과정과 같다. '새로운 수요의 탄생'은 4차 산업혁명 시대에 더욱 와닿는 설명이다.

수많은 공급 혁신은 새로운 수요를 연속적으로 탄생시킨다. 이러한 과정은 당연히 새로운 기업과 벤처기업을 탄생하게 만든다. 일자리도 거대한 규모로 생겨난다. 이러한 새로운 '수요의 탄생'을 위해서는 끊임없는 공급 혁신이 이루어져야 한다. 슘페터가 말한 공급 혁신은 생산요소의 자유로운 결합에 의해 탄생한다. 즉 생산요소의 자유로운 결합을 위하여 토지, 자본, 노동이 자유롭게 거래되는 것을 전제로 한다. 물론 여기서 '자유로운 거래'란 생산요소를 결합하는 기업인의 입장에서뿐만 아니라 생산요소의 소유주인 지주, 자본가, 노동자의 거래 자유도 포함한다. 쌍방의 거래 자유가 보장될 때 가장 합리적이고 혁신적인 결합이 가능하다.

하지만 불행하게도 우리나라의 현실은 그렇지 않다. 우리나라의 기업가정신은 수치상으로 보아도 경쟁국 대비 저조한 수준이다. 창업가정신에 초점을 맞춘 GEMGlobal Entrepreneurship Monitor의 2016년도 보고서에 의하면 우리나라의 초기 창업활동TEA은 6.7%로 65개국 중 53위로 완전 하위권이다. 우리나라의 기업가정신 생태계를 평가한 종합지수는 1987년 이래 계속 하락하여, 최근에는 1987년 대비 5분의 2 수준으로 역대 최저다.[11]

왜 그럴까? 공급 혁신의 기본이 되는 생산요소인 토지, 자본, 노동의 자유로운 결합 자체가 어렵기 때문이다.[12] 토지는 규제가 너무 많다. 많은 정도가 아니다. 중복에 중복이 겹

---

11 한국경제연구원에서 별도의 시계열 분석을 통해서 분석한 결과다(KERI Brief 17-05).

12 슘페터주의자들은 혁신 과정에서 제도의 중요성을 강조한다. 혁신을 통한 경제성장은 인적·물적 자원들을 효과적으로 조직하고 관리하는 제도적 역량에 달려있다고 본다. 예를 들어 정부와 지자체의 산업기술정책, 기업의 R&D 조직, 지식 네트워크와 생태계, 산학협동, 교육훈련, 혁신금융 등에 따라 동일한 자원을 투자해도 성장과 경쟁력이 달라지는데, 이를 국가혁신시스템National Innovation System이라고 부른다. (Freeman, C(1987), *Technology, Policy and Economic Performance : Lesson from Japan*, Pinter Publishers, London 참조.) 우리나라는 국가혁신시스템의 구성요소이자 기초가 되는 인적·물적 자원들의 이동과 결합 자체가 매우 경직적이기 때문에 노동의 자유, 투자의 자유, 토지의 자유, 왕래의 자유를 위한 제도적 환경 조성에 모든 정책의 우선순위가 두어져야 한다. 이러한 개혁이야말로 새로운 국가혁신시스템을 창출하는 것이다.

치는 규제다. 새로운 토지의 공급이 어렵다. 결과적으로 토지 거래는 지주 쪽으로 기울어진 거래다. 자본은 거래 자체가 자유롭지 못하다. 국가의 통제 아래 놓여 있다. 금융 분야만 놓고 보면 우리나라는 국가자본주의다. 노동의 거래에서는 노동자 쪽의 거래 자유는 거의 없다. 기업주와 노동자에 대한 정부 지원조차 형평 측면에서 문제가 있다. 기업이 파산하면 워크아웃 과정을 통해서 구조조정이 이루어질 수 있도록 정부가 기업주를 돕는다. 대기업을 위해서는 국가가 산업은행 등 특수은행을 세워서 소위 '도매금융'이라는 이름으로 거의 무한대로 도와주고 있다. 그러나 노동자들이 새로운 일자리를 모색하도록 지원하는 데는 정부가 지나치게 인색한 것이 현실이다.

　내가 주장하는 슘페터식 성장정책이란 이러한 장애요인을 국가가 나서서 제거해주자는 것이다. 기업가의 자유로운 생산요소 결합이 가능한 바탕을 정부가 제공하는 것이다. 이것은 단순한 통화·재정의 조절정책이 아니다. 단기 처방이 아니다. 우리 사회에 고착화되어 있는 시스템과 관습을 고치는 일이다. 슘페터식 성장을 가로막는 장애요인들을 해결할 구체적 정책 방향을 살펴보기에 앞서, 우리의 기업생태계, 경제환경의 현 상황과 문제점을 간략히 짚어보자.

저성장은 '새로운 정상'인가?

20세기 후반, 우리는 농업사회에서 산업사회로 성공적으로 전환하면서 눈부신 성장을 이루어냈다. 산업화와 함께 민주화도 꽃피웠다. 제2차 세계대전 후 식민지에서 벗어난 수많은 다른 개발도상국 국민들의 선망의 대상이 되었다. 그러나 21세기 정보화사회를 맞이하면서 사정이 조금씩 달라지고 있다. 최근 우리나라의 경제성장은 비탈길에서 미끄럼을 타고 있다. 이제 정책 당국자와 일부 전문가들은 이러한 '다운힐 슬라이드downhill slide'가 '새로운 정상new normal'이라고까지 이야기하고 있다.

그럴 만도 한 것이 경제성장률이 너무나 서서히 낮아져서 미끄럼 속도를 체감하기가 어렵다. 정보화사회를 맞이하여 경제정책을 추진한 역대 정부의 경제성장률을 나타낸 다음의 도표를 보면 좀 더 이해하기가 쉽다.[13] 김대중 정부는 5%대, 노무현 정부는 4%대, 이명박 정부는 3%대, 박근혜 정부는 2%대의 경제성장률을 기록하고 있다. 평균적으로 5년마다 1%씩 낮아지고 있다. 이 추세대로라면 새 정부의 성장률은 1%대를 기록할지도 모른다. 어쩌면 1% 수준이 안 될 수도 있다. 슘페

---

13 출처: 김세직(2016), 〈한국경제: 성장 위기와 구조개혁〉,《경제논집》55권 제1호. 서울대 경제연구소, p10에서 작성.

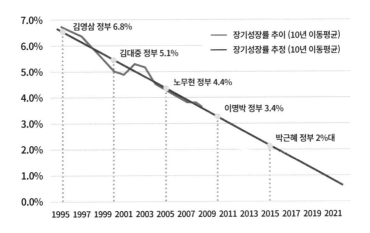

터식 혁신으로 보완하지 않은 채 케인스식 단기 금융·정책 위주로 계속하는 한, 새 정부 임기 말에는 성장률이 0%에 진입하는 '제로 성장'의 위기가 도래할 가능성도 충분히 있다. 현재 한국경제는 경기순환 상의 일시적 불황이 아니다. 장기 침체 양상을 보이고 있다. 문제는 성장률만의 문제로 그치는 상황이 아니라는 점이다.

이명박 정부는 성장률을 높이기 위해 재정·금융 확대 정책을 실시했다. 뿐만 아니라 대기업 위주 지원, 수출기업을 위한 환율정책 지원으로 양극화를 더욱 부채질했다. 이제는 극심한 양극화가 각 분야에서 구조화되었다. 박근혜 정부에서는 부동산 정책으로 경기부양을 시도하여 서민의 고통을 더욱 가중시켰다. 그럼에도 성장은 계속하여 하향곡선이다. 저성장 시대를 고착화시킨 정부다. 다음 정부는 명실공히 고령 사회를 맞이하게 된다. 이대로 가면 기나긴 장기 침체 시대에 빠져들어 헤어나지 못할 상황이 뻔히 보인다. 국민들의 상실과 절망감은 극에 이를 것이다.

글로벌 경제가 좋아진다 해도 현재와 같은 산업구조로는 한국경제의 회복을 장담할 수 없는 상황이다. 1980년대의 위기는 1970년대부터 투자를 집중해온 중화학공업이 어느 정도 경쟁력을 갖춘 시점에서 3저 호황을 맞아 극복했다. 1997년의 외환위기는 구조조정을 통한 경쟁력 회복과 중국 등 신흥국 시장의 호황에 힘입어 넘어섰다. 하지만 지금은 새로운 성장산업도, 시장도 보이지 않는다.

다음 쪽의 표에서 보는 바와 같이 철강, 조선, 석유화학, 자동차, 전자 등 한국의 주력 산업은 20년 전 일본의 주력 산업이었지만 우리가 상당수의 산업에서 일본을 추월할 수 있었다. 기술적 진입장벽이 낮았기 때문이기도 했지만 전형적인 제조업이라 가능했다. 우리 사회가 높은 수준의 '규율사회'라서 더욱 가능했다. 한병철 교수(베를린예술대학교)가《피로사회Müdigkeitsgesellschaft》(2010)에서 말한 규율사회의 전형이었다. 하지만 현재 우리 이상의 규율사회가 중국과 베트남 같은 신흥국들이다. 이들이 조만간 우리를 추격할 것은 자명한 일이다. 자동차(2002), 철강(2004), 석유화학(2004), 조선(2007)은

	1990년 일	1990년 한	1990년 중	2000년 일	2000년 한	2000년 중	2010년 일	2010년 한	2010년 중	2015년 일	2015년 한	2015년 중
철강	23.5	7.7	7.8	20.7	9.5	5.7	20.4	11.4	15.2	16.4	11.8	27.3
석유화학	9.4	2.0	3.0	7.9	5.2	4.4	5.6	5.2	10.5	4.7	5.3	13.3
합성수지	17.9	1.2	2.0	17.5	2.7	5.1	11.8	2.6	21.4	7.1	2.7	35.4
건설	자료 없음			11.3	7.7	7.5	5.8	15.4	13.8	1.4	17.3	19.2
조선	46	24	3	27	38	8	13	27	47	27	30	30
자동차	27.9	2.7	1.1	17.1	5.3	3.8	12.3	5.5	23.3	10.1	5.0	26.8
휴대폰	24	3	-	15	5	-	5	25	10	2	23	24
평판TV	100	-	-	48	17	3	29	32	13	15	34	28
디스플레이	100	-	-	49.5	31.7	2.3	12.7	46.5	3.4	8.9	42.8	18.1
메모리반도체	58.5	10.0	-	27.4	27.0	-	17.2	48.1	0.1	8.2	57.7	0.2

주력 산업의 한중일 세계시장 점유율 추이 변화

이미 중국이 한국을 추월했다. 자동차, 휴대폰조차 추월했다. 반도체도 중국 정부가 대규모 반도체 펀드(2015년 300억 달러, 2025년까지 1000억 달러 규모)를 조성해 집중 육성 중이다.

지난 20년 사이 우리나라와 중국의 GDP 규모는 1.3배에서 8.6배로 격차가 벌어졌다. 1인당 국민소득은 어느새 540배에서 3.6배로 줄어들었다. 너무나 놀라운 속도다. 인구수가 30배가 넘는 국가와 1인당 격차가 이렇게 빨리 줄어들고 있다는 사실은 이미 저성장 시대에 들어선 우리의 위기의식을 더욱 부채질한다.

성장은 필요조건이다

우리는 우리나라가 산업사회에서 정보화사회로 이미 들어와 있다는 사실을 직시해야 한다. 정보화사회 중에서도 단순한 인터넷 연결을 넘어서는 초연결사회[14]다. 더 나아가 선진국은 인공지능 시대로 진입하고 있다. 산업사회에서 유용하던 발전 모델들이 한계가 있음을 인정해야 한다. 그중 하나가 성장 문제다. 우리나라는 그동안 압축 성장으로 인한 폐해

---

14 토머스 프리드먼Thomas Friedman이 최초로 사용한 개념으로 알려져 있다.

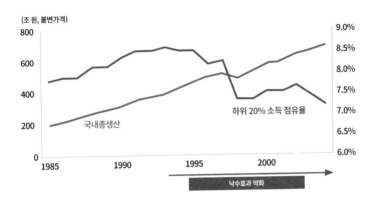

(조 원, 불변가격)

국내총생산

하위 20% 소득 점유율

낙수효과 약화

가 곳곳에 쌓여 있다. 특히 위의 도표와 같이 성장의 낙수효과 trickle down가 거의 사라지고 있다. 성장과 분배가 동행하지 아니한 지 근 20년이 되어간다. 그러다 보니 많은 국민들이 성장에 대하여 의문을 갖고 있다. 맞다. 성장이 모든 문제를 해결해주는 '충분조건'은 아니다. 수출 위주 정책도 마찬가지다. 이제는 수출 대기업의 호황이 내수 중소기업의 호황과 일치하지 않는다. 당연히 성장 일변도, 수출 위주 정책에 회의가 생긴다.

그러나 우리에게 성장 자체는 '필요조건'이다. 대외무역 의존도가 GDP 대비 100%를 넘나드는 우리 경제 체질로는 수출 또한 성장의 필수조건이다. 성장을 하지 않는다는 것은 곧 죽음을 의미한다. 수령 3000~4000년이 넘는 세계 최장수 나무들도 계속 성장을 하고 있기 때문에 살아있는 것이다. 성장을 멈추는 순간 쇠락이 시작된다. 우리가 해보려고 하는 모든 일, 기회의 평등 실현, 삶의 질 향상도 성장이 없으면 불가능하다.

우리는 끝없이 진행되고 있는 내리막 경제가 이제 '새로운 정상'이라며 체념해서는 안 된다. 초저성장을 새로운 정상이라고 말하는 것은 이미 완벽히 선진국에 들어가 있는 나라에게나 맞는 설정이다. 하나의 선진국 프레임이다. 성장정책을 포기해서는 안 된다. 포기하는 순간 우리나라는 주변의 경제대국, 군사대국에 둘러싸인 하청국 신세를 영원히 벗어나기 어렵다.

따라서 성장을 추구하되 기존의 성장방식을 바꾸는 새로운 성장정책이 필요하다. 낙수효과도 일어나고 분수효과도 일어나면서 높은 성장을 이루어내는 일을 동시에 해내야 한다. 오늘날 우리나라의 당면 문제는 단순히 성장률 문제가 아니기 때문이다. 우리나라는 성장과 함께 분배 문제도 동시에 악화되고 있다. 20년이 넘게 계속 악화되고 있다. 개선의 기미가 보이지 않는 상황이 더 큰 문제다. 빈부 문제 역시 단순한 소득격차의 문제가 아니다. 모든 분야에서 양극화가 만연하면서 사회경제적 복합 위기 상황이 도래했다.

한국의 소득 분배 상황은 OECD 국가들 가운데 중간 수준이다. 아주 밑바닥은 아니다. 그래서 지표만 보면 착각하기

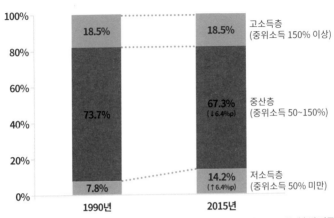

전체 가구 중 소득계층별 비중

쉽다. 우리나라 세금징수 제도는 소득세를 내는 소득 외에 각
종 명목의 지출이 가능하도록 되어 있다. 물론 고소득층에 집
중되어 있지만, 업무추진비 등의 명목으로 승용차 운행은 물
론 골프, 별장까지 회사 돈으로 가능하다. 더 큰 문제는 이러
한 지표조차 1990년 이후 20년 넘게 지속적으로 악화되고 있
다는 것이다. 개선의 기미가 보이지 않는다.

　이것은 단순한 소득 분배의 악화가 아니다. 중산층이 서
서히 붕괴하고 있다. 중산층이 몰락하여 저소득층으로 이동
하고 있다. 중간층이 줄어드는 양극화가 심화되고 있다.

'흙수저' 대 '금수저': 계층 이동이 불가능해진 사회

중산층 붕괴보다 심각한 문제는 계층 이동의 어려움이
다. 사회 계층 간의 상향 이동 사다리upward social mobility가 사
라지고 있다. 국민의 절반 이상이 본인은 물론 자식 세대에서
도 계층 이동은 어렵다고 생각하고 있다. 국민들이 절망감에
빠지고 있다. 계층 이동은 넘을 수 없는 장벽이 되어가고 있
다. 기회 평등의 전제인 국민기본수요(주거, 교육, 보육, 의료 등)
의 격차가 지나치게 크다. 지나친 격차는 출발선을 달리 만든
다. 특히 공교육 부실로 교육을 통한 계층 이동 가능성이 극
도로 저하되어 있다. 계층 이동은커녕 빈곤 탈출도 어려워
지고 있다. 지표만 보아도 빈곤 탈출률이 32.36%(2006)에서
22.64%(2014)로 하락하고 있다.

미국 사회에서는 성공한 어떤 개인을 소개할 때 '집안 최
초 대졸자'라는 표현을 종종 사용한다. 이 표현은 넘을 수 없
는 장벽을 넘었다는 뜻이다. 우리 식으로 말하자면 '개천에서
용 났다'쯤이 될 것이다. 하지만 '개천에서 용 나던' 시절은 이
미 오래전이다. 언제부터인가 '흙수저·금수저'로 대비되는 수
저 계급론이 우리 사회를 대변하고 있다. 젊은 세대의 신조어
조사를 보니 '흙수저·금수저'가 1위고, 지옥처럼 희망이 없는
사회라는 뜻의 '헬조선'이 2위에 놓여 있다. 이 단어들에는 불

확실한 미래의 높은 벽 앞에 처한 고달픈 청춘의 좌절, 그리고 개인의 노력이나 능력과 별개로 부모의 신분에 따라 달라지는 불평등 사회에 대한 울분이 예리하게 표현되어 있다. 최근 종영한 〈청춘시대〉라는 드라마에서 알바로 대학생활을 힘겹게 버텨가는 한 여대생이 했던 "내 잘못이 아니라고 토닥여줬으면 좋겠다."라는 독백이 잊히지 않는다던 어느 지인의 말이 떠오른다.

흔히 빈부 격차를 우리 사회의 큰 문제처럼 말한다. 그런데 경쟁을 바탕으로 하는 시장경제에서 정도의 차이는 있어도 빈부의 격차는 생길 수밖에 없다. '빈부 격차' 자체는 문제가 아니다. 정말 들여다봐야 할 큰 문제는 '빈부 장벽'이다. 빈貧에서 부富로 가는 길을 차단시키는 장벽이다. 우리나라의 빈부 장벽은 매우 높다. 더 큰 문제는 점점 높아지고 있다는 것이다. 사회적 상향 이동성이 거의 사라졌다는 증거다.

우리나라 빈부 장벽의 실체는 이미 국제적인 통계와 보도로 입증되고 있다. 세계적으로 유명한 경제정보 미디어 〈블룸버그〉가 2015년 말 기준으로 조사 발표한 세계 400대 부자 목록을 보면, 65%인 259명이 자수성가형이었고 35%인 141명만 상속형이었다. 나라별로 살펴보니 미국은 71%(125명 중 85명), 중국은 97%(29명 중 28명)가 자수성가형이었다. 일본도 5명 모두(100%) 자신의 손으로 창업해 부를 일구어 성공했다.

이에 반해 명단에 있는 한국인 5명은 모두 '상속'인 것으로 나타났다.

이러다 보니 소위 '흙수저·금수저'로 표현되는 성공에 대한 생각이 다른 나라와는 다르게 형성된다. 미국의 여론조사 기관인 퓨Pew 리서치센터는 2014년에 성공은 '외부적 힘에 의하여 결정된다'고 생각하는 사람들의 국가별 비중을 조사했다.[15] 조사 결과 우리나라 국민들의 74%가 '학력' '노력'보다는 '인맥'이 성공하는 데 더 중요하다고 답변했다. 세계 최고 수준이다. 오늘날 우리나라의 현실을 반영하고 있다.

아무리 애써도 벽을 넘을 수 없는 사회에서 사람들은 희망을 잃는다. 꿈을 꾸지 않는다. 빈부 장벽이 존재하는 사회에서 사회적 활력을 기대하기란 어렵다. 더 큰 문제는 우리나라의 젊은이들이 미래에 대해 비관적이란 사실이다. 퓨 리서치센터에서 조사한 결과에 의하면, 한국의 젊은이(18~33세)는 50세 이상보다도 더 비관적이다. 퓨 리서치센터가 조사한 나라 중에서 장래에 대하여 50세 이상보다 젊은이가 더 비관적으로 생각하고 있는 나라는 대한민국이 유일했다. 이 기울어진 사회의 균형점을 어떻게 찾을 수 있을까? 청년들이 자신의 앞날을 기대할 수 있게 하는 방법은 무엇일까?

15 Global Attitudes Survey, Spring 2014.

30년 쌓인 구조적 적폐의 총체적 개혁

넘을 수 없는 계층 이동의 장벽과 국민의 절망감은 물론 경제정책만의 잘못은 아니다. 경제정책 외의 외부 영향도 매우 크다. 1987년의 대전환 후, 우리는 민주주의와 경제성장의 동시 달성을 추구했다. 우리나라는 다른 정치적·경제적 개발도상국 국민들에게 부러운 모범이 될 정도로 성공을 거두었다. 그러나 우리나라는 부정적 과거 청산과 긍정적 미래 설계 사이에서 우왕좌왕했다. 이 과정에서 집단 간 극도의 대립이 발생했다.

정치는 정치 본연의 기능을 하지 못했다. 갈등을 조정하고 국가 비전을 설정하는 역할을 수행하지 못했다. 저성장, 격차 확대 등으로 국민적 불만이 커져갔지만 이를 해소할 수 있는 정치 리더십은 부재했다. 다가올 저출산·고령화 시대, 미래 사회에 대한 비전을 제시하고 해결하는 능력을 보여주지 못했다. 법과 원칙도 실종되었다. 법을 수호·집행해야 할 사법기구(법원, 검찰, 경찰)에 대한 국민적 불신이 팽배해졌다. 결과적으로 법이 무시되고, '합리'와 '이성'보다 '감정'과 '떼법'이 우선되었다.

뿐만 아니라 이명박과 박근혜 정부에서는 대기업과 정권이 결탁하는 정경유착이 온존했다. 대기업은 사적 이익을 챙

겨주고 정권은 재벌 집단에게 유리한 자원 배분을 지속했다. 흙수저의 절망감을 아무리 토로해도 개선될 가능성을 찾지 못했던 근본적 이유다. 관료들은 국민이 아닌 이익단체를 먼저 대변하고 있다. 정부부처 할거주의는 칸막이 규제를 양산하고 있다. 관료에 대한 총체적 불신이 우리 사회에 만연하다. 국민들은 노후 불안, 고용 불안, 교육·보육 불안, 주거 불안 등 현실과 미래에 대한 희망 상실로 고통 받고 있는 상황이 진행되고 있다. 이러한 문제를 해결해야 할 관료와 재계, 입법부, 사법부는 문제 해결보다는 오히려 상황을 '즐기는 구경꾼'이 되어 자기 집단의 이익만 추구하고 있다. 구조적 문제가 곳곳에 쌓일 수밖에 없다. 한마디로 현재 한국은 '불만不滿' '불신不信' '불안不安'이 지배하는 '3불 사회'가 되었다.

총체적 시스템 개혁으로 대전환을 실현해야 한다. 장기 침체, 구조적 위기 징후를 보이고 있는 한국경제의 재도약을 위해서는 경제·사회 전 부문에 걸친 과감한 구조개혁이 불가피하다. 이미 금융··재정을 통한 단기 부양정책만으로는 대응이 어려운 상황이다. 박근혜 정부딸 해도 기준금리를 1.25%까지 낮추고, 2014년을 제외하고 매년 추경을 편성했지만 '경제 살리기'에 실패했다. 외환위기 직후 김대중 정부 초기의 2~3년과 경기부양을 원칙적으로 피했던 노무현 정부를 제외하면 지난 20여 년 동안 근본적 구조개혁 없이 경기부양 정책만 반복했다. 노동, 금융, 기업 모두 새로운 성장방식을 찾지 못해 정체되었다. 재벌그룹 위주의 승자 독식 체제만이 더욱 더 질기고 단단하게 뿌리를 내렸다.

분배 구조의 문제를 차치하더라도 산업계의 역동성이 현저히 약화되었다. 기업가에 의한 생산요소의 새로운 결합, 창조적 파괴가 매우 힘든 환경이 되었다. 무엇보다도 노동시상의 경직성 때문에 사업 재편에 한계가 있다. 경쟁국에 비하여 생산성도 무척 떨어진다. 자본요소인 금융은 담보 위주의 저위험low risk 대출에만 몰두하고 있다. 전당포 영업 수준이다. 국내시장에서 가계대출과 외형 확장에만 매달리고 있다. 산업의 파이프라인 역할을 포기한 상태다. 이런 상황에서 기업가의 창조적 파괴란 불가능하다. 신산업이 기존 주력 산업을 보완·대체하는 선순환이 사라지고 있다. 기술 창업, 대기업으로의 성장 사다리도 무너지고 있다. 산업계의 역동성을 나타내는 산업구조변화 지수(산업별 부가가치 비중 변화치를 합산한 수치로 낮을수록 산업구조가 정체되었음을 의미)는 2000~2013년 동안 경제규모 상위 35개국 중 29위에 불과할 정도로 낮다.[16]

---

16 산업구조변화 지수: 0.90(1980년대) → 0.73(1990년대) → 0.48(2000년대) → 0.40(2015), 이한득(2016), 〈한국의 산업구조 변화속도 줄고 집중도는 증가〉, LGERI 리포트.
벤처기업 수는 늘었지만 63%가 생계형으로 무늬만 벤처다. OECD(2014), 〈Entrepreneurship at a glance 2014〉.
30대 그룹 중 신규 진입 비중 : 23%('95~'05) → 13%('05~'15), 공정거래위원회.

'87년 체제'가 30년이 되었다. 1987년은 산업사회가 한창 꽃피는 시기였다. 산업사회에 꼭 맞는 시스템으로 무장한 일본이 세계경제를 주도하던 시절이었다. 일본식 경영이 최고라고 세계의 경영학자들로부터 칭송을 받았다. 종신고용, 계열화 등이 모두 모범적 모델로 제시되었다. 나도 이 시기에 미국에 유학을 가 있었다. 일본의 위세가 하늘을 찌를 듯했다. 상대적으로 주눅이 안 들 수 없었다. 일본의 경제에 관심을 가지지 않을 수 없었다. 확실히 일본 시스템은 제조업으로 대표되는 산업사회에 정확히 부합하는 시스템이었다. 문화적 가치가 '규율사회'였다.

이제 시대가 바뀌었다. 제조업만이 우대를 받는 산업사회 시대가 아니다. 정보화사회를 넘어서 초연결사회, 인공지능 시대로 들어서고 있다. 경제구조와 정치사회 시스템의 전방위적 개혁을 고민해야 할 시점이다. '규율사회'에서 '성과사회'로 변모해야 한다. 성장이냐 분배냐, 수출이냐 내수냐 같은 추상적 논쟁을 넘어 무엇을 어떻게 바꿀 것인가라는 구체적인 방법론을 고민해야 한다.

국가 대개조의 방향

총체적 구조개혁의 구체적 방법으로 내가 제안하는 것이 바로 '슘페터식 성장정책'이다. 슘페터식 혁신이야말로 저성장 시대에 성장을 가능케 하며, 양극화와 빈부 장벽을 해소하여 사회 안정을 이루고, 우리나라를 한 단계 더 도약시킬 수 있는 종합 처방이라고 생각한다. 우리나라에서 슘페터가 말한 '창조적 파괴'가 끊임없이 일어나서 우리 경제가 번영의 길로 들어가게 하려면 어떻게 해야 할까? 두말할 것도 없이 기업가정신이 폭넓게 발현되도록 여건을 조성해주어야 할 것이다. 슘페터의 경제철학을 바탕으로 한국경제를 '창의와 혁신, 기업가정신이 살아 숨쉬는 경제'로 바꾸기 위한 기본 조건으로 내가 제시하는 것은 다음의 네 가지다.

① 노동의 자유: 노동의 제공 여부는 노동자의 권리다

창의적인 경제의 핵심은 '노동의 자유'다. 이것은 단순히 기업가 측의 이익만을 위하는 '노동 유연성'보다 넓은 개념이다. 노사 모두의 실질적 자유다.

슘페터는 기업가를 '신결합/혁신'을 수행하는 경제주체로 보고, 생산요소(토지, 노동, 자본)를 어떻게 결합할지에 대한 자유로운 결정권이 기업가에게 주어져야 한다고 여겼다.

생산요소의 자유로운 결합 없이 '창조적 파괴'란 없기 때문이다. '제4의 인격체'인 기업가가 생산요소의 자유로운 결합을 할 수 있도록 고무하기 위해서는 '노동의 유연성'이 필요하다. 하지만 그 전제조건으로 노동자에게도 노동의 자유(선택권)가 보장되어야 한다. 현재 우리 경제에는 노동의 자유가 사실상 없다. 신생 기업, 중소기업, 대기업 모두 창의적인 생산요소 결합이 불가능한 상태다. 반면에 노동자 측에서도 노동 거래의 자유가 사실상 없다. 새로운 성장을 위해서는 노동의 자유가 먼저 확보되어야 한다.

우리는 현재 초연결사회, 인공지능 시대로 들어서면서 산업계의 지각 변동이 엄청난 속도로 일어나고 있다. 이제 노동자의 관점에서도 노동의 자유는 필수조건이다. 하지만 노동의 자유를 위해서는 노동시장만의 대책으로는 한계가 있다.

노동의 자유를 높이기 위한 가장 큰 과제는 양질의 일자리를 늘리는 것이다. 취업에 급급한 상황에서는 일자리 공급자가 절대권력을 가질 수밖에 없으므로 노동의 자유가 제대로 보장될 수 없다. 어디까지나 일자리 공급에 초점을 맞추어 슘페터의 창조적 파괴가 활발해지도록 여건을 조성해나가는 것이 정부의 핵심 과제다. 무엇보다 일자리의 대부분을 공급하는 중소기업, 벤처기업이 제대로 된 일자리를 제공할 수 있도록 여건을 만들어나가야 한다. 중소기업에 가면 대기업의 절반 정도밖에 급여를 못 받는 구조에서 누가 중소기업에 취업하려 하겠는가? 이 점이 정부정책의 중요한 축이 되어야 한다. 중소기업, 벤처기업 중심으로 양질의 일자리가 웬만큼 확보될 수 있어야 노동의 자유가 보장될 수 있다. 이는 단순히 경제정책이나 노사 대화로 해결될 수 있는 문제가 아니다.

이 과정에서 발생하는 제반 비용은 당연히 국가가 책임져야 한다. 실업보험은 물론 교육·보육, 주거와 의료에 이르기까지 정부가 노동자의 기본적인 삶을 보장해주는 것이다. 1960~70년대의 개발경제 시대에는 정부가 자본과 기술을 제공하는 역할을 담당했다. 이제는 정부가 노동 문제에 적극적으로 개입하고 책임져야 한다. 노동자와 기업에게만 맡겨두어서는 안 된다. 그것은 정부의 직무유기다.

또한 과거 정부에서 행해졌던 대기업 위주의 지원제도는 과감하게 폐지해야 한다. 대기업에 대해서는 불필요한 간섭이나 개입을 하지 않는 대신, 자금이나 세제 등의 지원도 하지 않아야 한다.

② 토지의 자유: 사회적 상향 이동의 기초

우리나라의 모든 토지는 원칙적으로 사용 금지다. 농지, 임야, 자연보호, 문화재 보호, 군사시설 보호, 수도권 규제, 그린벨트 등 수많은 규제가 중첩되어 있어서 공장을 짓고 집을 지을 수 있는 용도지역이 국토의 7.2%밖에 되지 않는다. 열심히 투자 유치를 해놓아도 국가도, 지방정부도 토지 마련에 대해서 아무런 대책을 세워주지 않는 나라는 우리나라밖에 없다. 미국은 우리나라 현대·기아차의 공장을 유치할 때 토지를 무상으로 공급했고, 중국도 삼성전자가 시안에 반도체 공장을 지을 때 토지사용료를 면제해주었다.

토지이용규제를 대폭 완화하는 것은 물론이고, 국가·지자체가 토지를 확보해서 임대함으로써 투자를 유치하고, 토지개발이익의 사유화를 원천 봉쇄하는 조치들이 필요하다. 헌법을 고쳐서 토지 사유를 금하는 것은 불가능하겠지만, 국공유 부동산을 대거 확보하여 투자를 유치하고, 부동산 가격 앙등을 막고, 개발이익의 사유화를 제한하는 조치가 필요하다.

4차 산업혁명 시대에는 사무실 외에는 땅을 필요로 하지 않는 많은 기업이 있다. 특히 서비스산업 분야와 벤처기업이 그렇다. 국가와 지자체가 오피스빌딩을 대량 확보해서 임대료 상승을 견제해주어야 한다. 많은 영세 자영업자들을 고통스럽게 하는 지나친 임대료를 단순히 규제로 풀려고 하면 안 된다. 규제나 세금이 얼마든지 전가되거나 회피된다는 것은 주지의 사실이다.

③ 투자의 자유: 금융 혁신이 있어야 '제4의 인격체'가 산다

슘페터는 "기업가는 신결합/혁신을 수행하고, 은행가는 자본가로서 권능을 제공한다."라고 말했다. 슘페터가 말하는 자본가로서의 은행가에 대해 요시카와 히로시는 "오늘날의 벤처 기업가와 엔젤 투자자와 같다. 기업가가 구상한 신결합이 공염불로 끝나지 않도록 하려면 은행가가 금융의 경제주체로 나서야 한다."라고 설명하고 있다. 이를 위해 우리나라에서는 엄청난 금융 혁신이 이루어져야 한다. 우리나라의 현 금융 시스템하에서는 아이디어와 능력만으로 '제4의 인격체'가 될 수 없다.

금융이 혁신의 파이프라인이 되어야 한다. 창의적인 기업혁신 지원 기능이 강화되어야 한다. 담보대출 위주의 '전당포 영업'에서 벗어나 글로벌 기준의 투자은행IB으로 변신해야 한다. 중소기업, 벤처뿐 아니라 자영업도 지원해야 한다. 이를 위해 현재 존재하는 모든 규제를 제로베이스에서 새롭게 검토해야 한다. 규제의 제로베이스 재검토는 비단 금융 분야뿐 아니라 산업 분야, 더 나아가 사회·문화·교육 분야에도 적용되어야 한다.

④ 왕래의 자유: 플랫폼 국가, 세계의 중심국가가 되어야 한다

앞에서도 말했듯이, 우리나라는 소규모 개방경제 국가다.

대외무역 의존도가 GDP 대비 100% 수준에 육박한다. 미국이나 일본의 20~30% 수준과는 사뭇 경제정책의 여건이 다르다. 내수시장의 확대는 필요한 대책이지만 충분한 해결책은 아니다. 제4의 인격체에 의한 신결합, 창조적 파괴를 위해서는 상품·서비스만이 아니라 노동의 자유로운 출입국이 절대 요소다. 더 나아가 우수한 노동력의 확보를 위해 이민의 자유가 확대되어야 한다.

새로운 인력과 자본이 활발히 유입되어 새로운 제품과 서비스의 혁신 경쟁이 이루어지는 개방형 혁신 시스템이 구축되어야 한다. 혁신형 경제가 일상적으로 작동하려면 전면적인 대외 개방은 필수다. 이민 문호의 대대적인 개방과 해외 우수 인력 유치, 해외 자본의 생산직 투자 유도가 필요하나.

이민의 자유는 단순히 기업가의 신결합을 위해서만이 아니다. 우리나라는 세계의 강대국들에 둘러싸여 있다. 무역의 확대만으로 힘의 균형을 찾기는 역부족이다. 그렇다고 군사력 강화를 추구하기도 불가능한 실정이다. 방법은 오직 세계의 중심국가가 되는 것이다. 세계의 인적·물적 자원이 자유롭게 들어오고 나가는 아시아, 더 나아가 세계의 플랫폼 국가가 되는 것이다. 우리나라를 중심으로 세계의 모든 우수 인력, 자본, 상품, 서비스가 자유롭게 들어오고 나가야 한다. 그러면 아무도 우리를 넘볼 수 없다. 아니, 우리가 세계를 주도할 수 있다. 플랫폼 국가로의 자리매김은 대북관계의 안정적 관리로 안보 리스크도 최소화할 수 있다.

플랫폼 국가가 되려면 단순한 경제성장 이상이어야 한다. 가서 일하고 싶은 나라, 가서 비즈니스하고 싶은 나라, 가서 살고 싶은 매력적인 나라가 되어야 한다. 경제성장이 지속적으로 이루어지고 중산층이 튼튼한 사회, 또 이 성장이 저소득계층을 함께 아울러서 사회의 어두운 그늘이 최소화되어야 한다. 수준 높고 다양성이 존중되며 자유로운 문화, 좋은 교육여건, 치안 등 사회 전반의 선진화가 함께 이루어져야 한다.

이상의 4가지 자유를 실현할 수 있는 경제정책 방안들을 이제부터 하나하나 구체적으로 이야기해보자.

II 어떻게 할 것인가?
숨페터식 성장정책의 실천방법

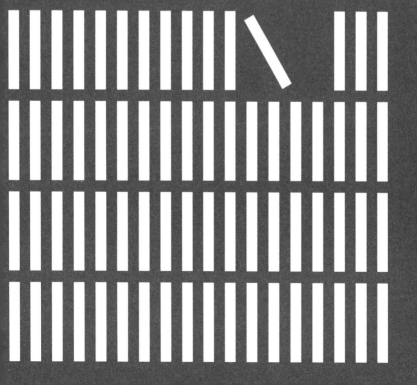

3

노동의 자유
국민기본수요의 충족

'노동의 자유'의 의미

독일인들의 관용어구인 '노동이 그대를 자유롭게 하리라 Arbeit macht frei'는 제2차 세계대전 당시 나치 강제수용소 입구에 걸려 있었던 표어로 악명이 높다. 원래 이 말은 독일의 문헌학자 로렌츠 디펜바흐Lorenz Diefenbach가 1873년에 쓴 소설의 제목이다. 노름꾼들이 노동의 진정한 가치를 알게 된다는 내용이라고 한다. 나치가 교묘하게 악용한 것이다. '노동이 (우리를) 자유롭게 한다'는 것은 언뜻 들으면 맞는 말이다. 그러나 대전제는 노동자에게 노동의 자유가 있어야 한다. 노동을 할 것인가 말 것인가 하는 선택의 자유가 노동자에게 있어야 한다. 그래야 비로소 노동이 우리를 자유롭게 할 수 있다.

'노동의 유연성'도 마찬가지다. '제4의 인격체'인 기업가가 생산요소의 자유로운 결합을 할 수 있도록 하기 위해서는 노동의 유연성이 필수조건이다. 생산요소의 자유로운 결합 없이 '창조적 파괴'는 없다. 슘페터가 이론을 제시하던 때는 20세기 초중반이었다. 초연결 시대, 인공지능 시대에 들어선 오늘날에는 생산요소로서 노동의 자유로운 결합이 더욱 절실하다.

옆의 그림에서 보듯이 이제는 제조/기술이 부가가치value가 가장 높던 산업화 시대crying curve가 아니다. 아이디어와 가치 창조의 부가가치가 훨씬 높아진 정보화 시대smile curve다. 노동의 유연성 없이는 기업가가 새로운 결합 과정process으로 이동하기 어렵다. 최근 〈블룸버그〉(2016.10.25)에 의하면 차량 호출업체 우버Uber가 자율주행 트럭의 상업배달에 성공했다고 한다. 고속도로 190킬로미터를 달려 버드와이저 맥주를 배달했다. 이제 미국에서는 곧 자율주행 트럭이 등장할 것이다. 미국에서는 트럭 운전사가 교사보다도 많은 직종이다. 파급효과가 엄청나게 클 것이다. 고속도로변 레스토랑의 매출도 줄어들 것이다. 그렇지만 노동의 유연성이 높은 수준인 미국은 기업가의 이러한 결합 과정의 이행이 순조롭게 가능할 것이다. 하지만 똑같은 이야기가 우리나라에서도 가능할까?

그림에서 보는 바와 같이 산업사회를 상징하는 곡선은 위로 볼록하다(Crying Curve). 상품/서비스의 생산과정 중에서

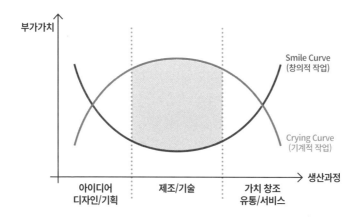

부가가치

Smile Curve
(창의적 작업)

Crying Curve
(기계적 작업)

생산과정

아이디어
디자인/기획

제조/기술

가치 창조
유통/서비스

제조/기술의 부가가치가 가장 높다. 산업사회에서는 기계적 작업이 중요하기 때문이다. 반면에 정보화사회를 상징하는 곡선은 아래로 볼록하다(Smile Curve). 전체 과정 중에서 제조/기술의 부가가치가 가장 낮다. 인력을 비롯한 생산요소는 당연히 부가가치가 낮은 곳에서 높은 곳으로 이동해야 한다. 급변하는 사회에서 노동의 유연성이 절실한 이유다.

그러나 노동의 유연성이 고용주의 권리만으로 주장되어서는 안 된다. 신결합을 위한 생산 3요소 중 토지와 자본은 지주와 자본가의 권리다. 마찬가지로 노동도 노동자의 권리가 되어야 한다. 산업시대에 온 세계가 칭송하던 일본의 종신고용, 평생고용 제도는 이제 시대에 맞지 않는 말이다. 왜 나의 일평생을 하나의 기업에 바쳐야 하는가? 왜 타워크레인에 올라가 자기를 해고한 고용주를 향하여 복직을 외쳐야 하는가? 노동의 자유로운 이동은 노동자의 권리로 이해되어야 하며, 노동자가 삶을 영위하는 데 필요한 기본수요basic needs를 국가가 보장해주어야 한다.

한병철 교수는《피로사회》에서 "21세기 사회는 규율사회에서 성과사회로 변모했다. 이 사회의 주민도 더 이상 '복종적 주체'가 아니라 '성과주체'라고 불린다. 성과를 위한 압박이 탈진 우울증을 초래한다."라고 피로사회를 설명한다. 독일 주민에게는 맞는 말이다. 하지만 우리나라 노동자는 아직도 복종적 주체로서 강제노동에 시달리고 있다. 피로사회의 문제점에도 불구하고 우리나라 노동자도 우선 성과주체가 되어야 한다.

어떻게 하면 노동의 유연성이 고용주의 권리가 아닌, 노동자의 권리가 될 수 있을까? 하기 싫은 노동을 억지로 할 수밖에 없도록 해서는 안 된다. 사실상의 강제노동이 없어져야 한다. 노동자가 일정 기간 동안 마음대로 실직 상태로 지낼 수 있도록 해주어야 한다. 의식衣食은 물론이고 주거, 교육, 보육 등 최소한의 국민기본수요를 국가가 해결해주어야 가능한 일이다.

국민기본수요 충족은 국민에 대한 지원임과 동시에 기업에 대한 지원이기도 하다. 2009년 6월, 미국의 제너럴모터스GM는 파산보호를 신청했다. 파산보호 신청의 가장 큰 이유는 경기 침체로 인한 판매 급감이었다. 하지만 여론의 도마에는 종업원들의 복지비용이 올랐다. 누가 보아도 자동차 1대당 1400달러가 추가되어서는 경쟁력이 없는 것이 자명했다. 그후 4년에 걸친 고통스런 구조조정 과정을 거쳐 금융위기 이전 수준의 업황을 회복했다. 여기서 '고통스런 구조조정'이란 근로자 임금과 복지후생 삭감, 퇴직자 건강보험에 대한 회사 부담 축소 등을 의미한다. 다른 말로 하면 GM이 추가 부담했던 1대당 1400달러를 축소했다는 의미다.

GM이 추가 부담했던 1대당 1400달러를 독일의 BMW는 어떻게 처리할까? 간단히 말하면 국가가 대신 부담해준다. 독일은 다른 서북 유럽 국가들과 마찬가지로 국가가 의료, 주택, 교육을 보장해준다. 초·중·고는 물론이고 대학까지 사실상 무상교육이다. 실업자(퇴직자)도 국가가 보호한다. 다른 말로 하면 국가가 1대당 1400달러 이상을 보조해주는 것이다. 서북 유럽은 무차별적으로 자국 기업에게 보조금을 주고 있는 것이다. 어떤 무역협정에도 위배되지 않는 보조금을 기업에게 지원하고 있는 것이다. '복지국가'라는 거드름까지 피우면서. 독일 등 서북 유럽은 결국 생산 3요소 중 노동에 대한 지원을 무차별적으로 실시하고 있는 것이다. 기업을 지원하면서 기업 간의 공정한 경쟁까지 유도하고 있다. 국가가 지원 대상 기업을 선정하지 않는 무차별적 지원이기 때문이다.

골리앗 크레인에 올라가서 목숨을 걸고 복직을 외치면서 고공 농성을 벌이는 노동자에 대한 책임은 누구의 몫일까? 우리는 이 문제를 심각하게 인식해야 한다. 1차적 책임은 해당 기업이 아닌, 국가라는 사실을 인식해야 한다. 퇴직자에 대한 책임은 국가에게 있다. 우리는 국가의 책임을 기업에게 씌우지 말아야 한다.

하지만 우리나라에서 '노동의 유연성'은 '해고의 유연성'이라는 용어와 동일한 의미로 사용되고 있다. 고용주가 노동자를 마음대로 해고할 수 있는 '고용주의 권리'로 인식되고 있다. 하지만 노동의 유연성은 노동자의 권리로도 인식되어야 한다. 노동의 유연성은 단순히 해고의 유연성이 아니라 근로자의 권리와 자유를 신장하는 이중적 의미를 갖고 있어야 한다. 앞으로는 근로자가 현재처럼 특정 고용주나 기업에 30~40년간 매달려 전전긍긍하지 말고 자유롭게 직업을 선택할 수 있어야 한다. 근로자가 회사와 대등한 위치에서 개인이 보유한 노동력과 기술 등 본인의 가치를 자신이 원하는 회사에 제공하는 개념으로 전환해야 한다.

슘페터가 말한 기업가의 창조적 파괴를 위한 생산 3요소의 결합 방식은 기업가가 결정하는 것이다. 이는 동시에 생산요소의 소유자는 자신이 소유한 생산요소를 기업가의 결합에 제공할지 여부를 스스로 결정하는 것을 전제하고 있다. 너무도 당연하여 언급조차 하지 않는 전제다. 토지 소유자인 지주와 자본 소유자인 자본가는 기업가에게 토지와 자본을 제공할지 말지를 스스로 결정한다. 마찬가지로 노동자도 노동의 소유자로서 자신의 노동을 제공할지 말지를 스스로 결정할 수 있어야 한다. 기업가와 사실상 대등해야 한다. 노동자에게 노동의 자유가 있어야 가능한 일이다. 노동의 자유가 성립하기 위해서는 전 국민에 대한 기본수요의 충족이 전제조건임은 두말할 나위가 없다.

새로운 노동 상의 정립

혁신을 통해 새로운 성장 모델을 창출하려면 노동에 대한 기업가의 자유로운 결합이 중요하다. 우리나라의 경우, 토지와 자본, 기술도 기업가의 결합이 자유롭지 못하다. 그러나 노동에 비해서는 상대적으로 자유롭다고 말할 수 있다. 노동은 우리나라의 경우, 노동을 제공하는 노동자의 입장에서나 노동을 결합해야 하는 기업가 입장에서나 쌍방 모두 제약이 많다. 노동의 쌍방 경직성은 새로운 산업과 비즈니스 모델의 창출을 제약하고 있다. 이러한 제약은 성장이 정체되는 주요 원인을 제공하고 있다. 4차 산업혁명이 본격화되면서 전 세계적으로 일자리 수요가 급변하고 고용 형태가 다양화하고 있다. 세계경제포럼WEF은 2020년까지 주요 국가에서 700만 개의 일자리가 기계로 대체되고 200만 개의 일자리가 새로 생겨나서 총 510만 개의 일자리가 감소할 것으로 전망하고 있다.

일하는 방식에서도 대대적인 변화가 진행 중이다. 긱 이코노미Gig Economy[17]와 같이 온라인에 기반해 특정인에게 용역과 서비스를 제공하는 '독립노동Independent Work'이 증가하고 있다. 매킨지는 미국과 EU 15개국 노동인구의 20~30%인 1억 6000만 명이 독립노동 형태로 긱 이코노미에 종사하고 있는 것으로 파악하고 있다. 하지만 우리나라는 다양한 고용 형태를 모두 비정규직, '열악한 일자리'로 규정해 사라져야 할 일자리로 취급하고 있다.

'87년 체제' 이후 30년간의 민주화 과정에서 우리는 노동자의 권리에 대해 체계적으로 접근하지 못하고 그때그때 단기 처방에 머물렀다. 일부분은 노동 부문을 과보호해온 반면

---

17 기업이 필요에 따라 임시직으로 인력을 충원하고 대가를 지불하는 고용 형태를 말한다. 시간이 아닌 성과에 따른 보수 지급, 높은 업무 자율성, 단기간의 고용관계 형성이 특징이다. 택시 서비스를 제공하는 우버, 유사 호텔 서비스를 제공하는 에어비앤비, 잔심부름을 대행하는 태스크래빗 등이 대표적이며, 최근에는 변호사·컨설팅 등 전문 인력까지 유사한 고용 형태로 확산되고 있다. 긱 이코노미의 발전은 노동시장 참여를 증가시켜 실업률 감소, 소비 촉진 등 실물경제에 크게 기여할 것으로 예상된다.

에 일부분은 방치했다. 그 결과 우리나라는 경쟁 선진국과 달리 노동 분야의 경쟁력이 세계 최하위 수준에 이르고 있다. 1960~70년대의 개발경제 시대부터 1987년까지가 근로자 탄압의 시기였다면, 그 반작용으로 1987년 이후 30년은 근로자와 노조의 권한이 강화된 시기였다. 1991년 ILO 가입, 1997년 노조법 개정, 1999년 교원노조 인정, 2005년 공무원노조 인정 등으로 노조의 권력이 지속적으로 강화되어왔다. 물론 노조의 권한 강화는 개발경제 시대의 가혹한 노동 탄압을 고려하면 당연한 결과다. 그러나 이제 다가오는 미래 세계로 나아가는 데 걸림돌이 되어서는 안 된다. 선진국에서는 근로자의 파업권과 사용자의 경영권을 대등하게 하기 위해 쟁의행위 기간 중 대체근로를 허용하고 있으나 우리나라는 제한하고 있다. 결과적으로 우리나라는 세계경제포럼의 '2016년 국가경쟁력 평가'에서 고용·해고 관행은 113위, 정리해고 비용은 112위, 노사 간 협력은 135위에 머물고 있다. 이런 상황에서 슘페터가 말한 창조적 혁신은 불가능하다.

국내 기업들은 생산성 대비 높은 임금, 정규직 과보호, 대립적 노사관계 때문에 국내 투자와 고용을 줄이고 해외 진출을 가속화하고 있다. 우리나라가 탈출국가가 되고 있다. 한국의 평균 임금 수준은 2014년 기준 4.7만 달러로 OECD 평균 (4.1만 달러)보다 높으며 독일(5.8만 달러)이나 미국(5.0만 달러)

보다는 낮지만 일본(4.7만 달러)과 유사하고 프랑스(4.4만 달러)보다 높은 수준이다.[18] 딜로이트 글로벌은 한국이 생산성 대비 높은 임금으로 노동력 측면의 경쟁력은 미국의 60%, 독일의 80% 수준이라고 평가하고 있다. 국내 기업들이 해외로 공장을 옮기는 이유는 현지 수요 대응과 같은 전략적 판단도 있지만 노동시장의 경직성, 과도한 인건비 부담 때문이다. 노조 파업이 일상화된 현대차와 기아차의 국내 공장 생산 비중은 2008년 각각 60%, 72.5%에서 2015년 37%, 50%로 급격히 감소하고 있다. 한국 기업인지 의문이 든다.

노동시장의 경직성 때문에 기업들이 신규 채용을 꺼리게 되어 청년 일자리, 비정규직 문제를 더욱 악화시키고 있다. 현재 법원은 장기 무단결근과 같이 명확한 사유에 대해서만 근로자 해고를 허용하고 있다. 반면에 미국은 회사의 해고 자유가 보장되고, 영국은 '근로자의 능력 부족'도 해고 사유로 명시하고 있으며(ERA 제94조), 독일은 '정신적·육체적 하자'로 인한 해고를 인정(해고제한법 제1조)하고 있다.

또한 2016년부터 60세 정년의무제 시행으로 향후 3년간 정년퇴직 예정자 52만 명의 고용을 유지해야 하기 때문에 신입사원 채용에 어려움이 예상되고 있다. 연구결과에 따르면

---

18 OECD, Taxing Wages 2013~2014

50대 고용률이 1%p 증가하면 20대 고용률은 0.5%p 감소한다고 한다. 청년 실업률이 상승할 수밖에 없는 상황이다. 개선될 기미가 보이지 않는다. 근로조건이 상대적으로 양호한 일부 대기업 노조가 단체협상을 통해 임금 인상, 성과급 지급, 복리후생 확대 등을 주도하고 있어 정규직과 비정규직 문제가 갈수록 심화되고 있다.

산업구조의 혁신을 위해서는 경쟁력이 약화된 산업Sunset Industry에서 유망 산업Sunrise industry으로 자원이 신속하게 이동해야 한다. 하지만 경직적 노사관계는 구조조정을 제약할 수밖에 없다. 해운, 조선, 철강, 석유화학, 건설 등 5대 주력 산업의 부실이 심각하다. 그 외 분야에서도 한계 기업이 증가하고 있지만 노조의 반발로 구조조정이 어렵다. 조선업은 금융위기 직후 위기에 직면했지만, 조선업 종사 근로자수는 2008년 16.7만 명에서 2016년 3월 18.5만 명으로 계속 증가해온 실정이다.

'노동의 상象'을 기존의 평생직장이나 평생직업의 개념에서 벗어나 '평생경력Lifetime Career'을 지향하는 방식으로 전환해야 한다. 근로자는 지속적인 역량 개발을 통해 개개인의 전문성을 강화하고 회사-근로자 관계를 계약적 파트너십으로 재정립해야 한다.

노동의 유연성 제고 정책은 경직된 노동시장에 경쟁 원

리를 도입해 노동시장을 효율적으로 만드는 것이다. 노동의 유연성이란 기업이 노동자의 해고를 마음대로 할 수 있도록 만드는 조치가 아니다. 노동의 유연성은 양적 유연성 이외에 임금과 기능적 유연성도 중요하다. 노동의 유연성이 높은 미국과 영국에서 장기 근속자의 비율이 한국보다 오히려 높다는 점에 주목해야 한다.[19]

앞으로 과거와 같이 일자리를 크게 늘리기 어렵다는 점을 감안하면 노동의 유연성은 청년 실업 문제 해결에도 도움이 된다. 2016년 7월 OECD '고용 전망Employment Outlook' 보고서는 노동 유연성이 장기적으로 고용량 증가에 기여할 뿐 아니라 근로자들의 임금 향상 및 비정규직 비율 감소에도 긍정적인 영향을 준다고 분석했다. 최근 스페인, 프랑스 등 유럽의 노동 유연성 조치도 청년층의 일자리 확보를 위해 기득권층의 양보를 이끌어내는 것이 주요 목표다. 물론 우리나라에서는 더 중요한 '슘페터식 성장'을 위한 전제조건이다.

최근 전 세계적으로 창업 확대, 4차 산업혁명의 본격화로 일자리 수요와 노동의 형태가 급변하고 있는데 우리나라만이 과거 제조업 블루칼라 중심의 전형적인 고용 형태를 고집할 수는 없다. 국내 창업을 활성화하려면 벤처 창업 시 창업자가

---

19 10년 이상 장기 근속 근로자 비율(2014): 영국 32.1%, 미국 27.3%, 한국 20.1% 김유선(2016), 〈한국의 노동 2016〉.

원하는 근로자를 필요한 시점에 적기에 확보할 수 있어야 할 뿐 아니라 사업이 어려우면 직원 규모를 줄일 수 있는 유연성이 필수다. 이미 산업의 중심이 제조업에서 신산업·서비스산업으로 옮겨가고 있다. 갈수록 기존의 제조업 일자리는 줄어들 수밖에 없다. 긱 이코노미와 같은 새로운 노동시장이 활성화되면 현재와 같은 정규직-비정규직의 이분법적인 고용 방식은 유지할 수 없게 된다. 비정규직을 오히려 선호하는 노동자가 많아지는 날이 곧 올 수도 있다.

OECD 국가들 중에서 우리나라는 노동시간이 가장 긴 나라다. 반면에 노동생산성은 OECD 평균의 절반 수준이다. 한마디로 '노동자의 혹사'와 '기업가의 불만'이 동시에 병존하는 나라다. 이제 우리는 이러한 족쇄를 끊는 현명함을 발휘해야 한다.

기업가를 위한 '노동의 자유'

노동의 자유를 보장하는 제도 개혁이 성과를 내기 위해서는 기존의 노사정 대타협 모델을 버리고 정부 주도로 개혁을 추진해야 한다. 물론 국민 전체의 이해와 자발적인 동참이 필수적이므로 노동자 대표들이나 전문가들과의 협의 등 절차

적인 노력이 필요하다. 그리고 국회의 협조와 동의를 받아야
한다.

정부는 1960~1980년대 산업 기반 형성기에는 토지와 자
본을 제공하고 1990년대에는 기술에 대한 지원을 강화했던
것처럼, 앞으로는 노동을 제공하는 것을 정부의 책임으로 인
식할 필요가 있다. 노동의 유연성은 제고하되, 그로 인한 실업
등 사회 불안정을 최소화하기 위해 근로자들이 실업 상태에
서도 기본적인 삶을 영위할 수 있도록 사회적 안전망을 구축
하고 직업교육과 훈련을 강화해야 한다. 실직 기간 중에도 일
정한 소득을 보장할 수 있도록 재정 지출을 통폐합해 정부 재
원을 확보해야 한다. 청년층을 중심으로 향후 수요가 증가할
신산업·소프트웨어 등에 대한 교육 체계를 개편하고, 근로자
들이 실직을 해도 신속하게 재취업을 할 수 있도록 직업과 창
업 교육을 강화해야 한다.

또한 정규직의 고용 경직성 해소와 비정규직 규제완화
를 추진해야 한다. 우리나라가 추구할 노동의 유연성은, 다른
나라에 비해 정규직 해고 관련 규제가 엄격하지 않고 비정규
직에 대한 활용이 자유로워 노동시장의 진입이 용이한 '영국
수준' 정도로 설정되어야 한다. 영국은 근로자 해고 시 정당
성 요건은 필요하지만 다른 국가에 비해 기준이 매우 완화되
어 있으며, 비정규직에 대해서도 고용 요건의 제한이 없다. 기

간제 근로자에 한해 4년간 고용이 가능하다. 영국은 해고 자유의 원칙하에 운영되는 미국보다는 해고 기준이 엄격하지만 프랑스, 독일, 일본에 비해서는 노동의 유연성이 높은 편이다.

기업가 측의 '노동의 자유' 확대를 위한 구체적 방안들은 다음과 같다.

① 정규직 고용 경직성 완화를 위한 법 개정

정규직을 대상으로 고용의 경직성을 완화하기 위해 관련 법 개정을 최우선적으로 추진해야 한다. 최근 청년층의 노동시장 진입이 어려운 가장 큰 이유는 정규직 해고에 대한 규제가 엄격해 기업들이 신규 채용을 기피하고 있기 때문이다. 해고 사유가 명확히 규정되어 있지 않은 현행 근로기준법(제23조)을 개정하여 저성과자를 합리적 기준과 절차에 따라 해고 가능하도록 하여 인력의 선순환을 도모하도록 해야 한다. 이를 위해 시행령 등을 통해 기업 내 인력 중 최소 1%의 저성과 인력은 해고가 가능하도록 보완해야 한다. 현행 근로기준법(제24조)에서 경영상 해고 요건으로 제시된 '긴박한 경영상의 필요성' 기준을 완화하여 미래 기술 변화 대응·조직 유연화 등 '경영 합리화를 위한 구조조정'도 요건에 포함시키고, 신속한 구조조정을 위해 해고 협의 기간도 50일에서 30일로 단축해야 한다.

	미국	영국	독일	프랑스	한국	일본
개별 해고	해고 자유 원칙	자성과자 해고 용이 금전보상시 회사면책 가능	해고사유 완화 금전보상시 회사면책 가능	해고사유 엄격 금전보상시 회사면책 가능	해고사유 엄격 금전보상 제한	해고사유 엄격 금전보상 없음
정리 해고	해고요건 없음	해고사유 폭넓게 인정 형식적 절차 요건	해고사유 폭넓게 인정 노조참여 필수	해고사유 엄격 장기간 절차 필요	해고사유 엄격 엄격한 절차 요구	해고규정 없음 (법원이 종합판단)
비정 규직	정규·비정규 구분 없음	계약직에 한하여 4년 제한 파견업무 자유	2년 제한 파견업무 일부 제한	비정규 고용 엄격	2년 제한 파견업무 엄격	계약직에 한하여 3년 제한 파견업무 자유

주요 국가들의 기업 측 노동의 자유 비교

② 비정규직 활성화를 위한 규제완화

비정규직 관련 규제를 완화하여 청년과 여성들의 노동시장 진입이 활성화될 수 있는 여건을 조성해야 한다. 노동시장에 시간제 정규직, 임시직 등 다양한 일자리를 제공하여 청년과 여성들을 일단 노동시장으로 끌어들이는 것이 최우선일 것이다. 비정규직(기간제·파견직) 고용기간을 2년으로 제한하는 기간제법(제4조)과 파견법(제6조)을 개정하여 고용기간을 4년으로 연장하거나 기간 제한을 폐지하도록 한다. 그렇게 되면 근로자들은 2년마다 실직당할 위험이 해소되고 근무기간이 길어져 정규직 전환 가능성도 높아지고 고용 안정의 효과도 발생한다.

③ 파견직의 네거티브 방식 규제

파견 허용 업무 34개 직종에 한해 파견을 허용하는 포지티브 방식의 파견법을 금지 업무만 열거하는 네거티브 방식으로 변경해야 한다. 한 연구결과에 따르면 현재의 파견 규제가 완화될 경우 새로운 일자리가 24~48만 개 창출된다고 한다.[20] 독일은 2002년 하르츠 개혁 당시 고용 유연화와 미니잡 도입을 통해 노동시장으로 청년과 여성을 효과적으로 유인한

---

20 남성일(2015), 〈파견근로의 법제 변화 및 경제적 효과에 대한 연구〉, 한국비교노동법학회 발표자료.

바 있다. 미니잡은 월 평균 급여 400유로 이하의 저임금 일자리 또는 연간 근로일수 50일 이하의 단기 고용 일자리로서, 근로 의욕을 유지하며 구직 활동을 전개할 수 있도록 세금과 사회보장비용이 면제된다.

중장기적으로 취업 알선, 정보 제공, 교육 훈련, 인력 파견, 전직 지원 등을 대행하고 중개하는 노동중개기관의 활성화를 위해 민간 노동중개기관의 설립과 운영이 가능하도록 법 개정을 추진해야 한다.

④ 정규직 고용 형태의 다양화

정규직 일자리 확대를 위해 자신이 원하는 고용 형태 및 처우를 선택할 수 있도록 고용 형태를 다양화해야 한다. 직무, 지역, 시간, 진로 등을 선택할 수 있는 '선택형 정규직' 모델을 확산하고 우수한 비정규직 인력들에게도 선택형 정규직으로 전환할 수 있는 기회를 제공해야 한다. 일본의 경우 특정 근로시간에만 근무하는 근로시간 한정 정사원, 특정 지역에서만 근무하는 지역 한정 정사원, 특정 직무에만 종사하는 직무 한정 정사원 등 정규직 형태의 다양화를 시도하고 있다.

다양한 고용관계의 등장에 따른 부작용을 방지하기 위해 계약에 대한 공정성을 강화하는 정책을 병행할 필요가 있다. 현행 각종 근로조건의 최저 기준을 정하고 있는 근로기준법 중심의 노동법 구조에서 탈피해 다양한 고용계약에 대한 공정성, 합리성을 추구하는 '근로계약법'을 제정할 필요가 있다. 계약당사자 간 권리·의무와 책임을 법으로 보장할 수 있도록 하는 방식으로 일본의 노동계약법과 유사하다 할 수 있다. 공정한 고용계약이 충족될 수 있도록 근로조건, 일하는 방식, 경력 경로 등 일과 관련된 중요 사항에 대해서는 기업의 정보공개를 의무화하도록 해야 한다.

⑤ 노동 유연성 제고와 기본수요 보장 정책의 병행 추진

정부 주도의 노동개혁을 위해 정부와 전문가가 참여하는 '노동의 자유 향상 위원회'를 정부에 설립해야 한다. 유럽과 같이 정부 주도로 추진하되 기업 외에 언론과 학계를 중심으로 노동개혁에 대한 사회적 공감대를 형성하고, 과거와 같이 노동 유연성만 우선 추진하여 논의 과정에서부터 노동계의 반발로 무산될 가능성을 방지하기 위해 '노동 유연성' 정책과 함께 '기본적인 삶의 보장' 대책을 준비하여 동시에 추진해야 한다. 즉 두 가지 정책이 하나의 패키지라는 점을 명확히 하여 노동 유연성 정책이 타협 없이 제대로 도입되도록 추진해야 한다.

노동자를 위한 '노동의 자유'

최소한의 조건: 실업자 지원체계의 보강

앞에서 설명한 대로 기업가를 위한 노동의 자유가 입법되어 시행되면, 기업가의 자유로운 결합으로 노동의 자유도는 높아지겠지만, 3%대 중반의 실업률이 일시적으로 7%까지 급등할 것으로 전망된다. 고용 경직성이 해소되고 창업이 활성화되면 일자리가 늘어 3년 후인 2021년부터는 실업률이 하락해 3% 수준에서 안정화될 것으로 전망된다. 실업률이 7%까지 급등할 것이라는 가정은 1998년 정리해고법 시행 이후 실업률이 7%까지 상승했던 점, 비경제활동인구의 노동시장 진입이 활성화되는 점 등을 반영한 것이다. 기업가의 노동시장 자유도가 높아지면 그동안 구직을 포기해 비경제활동인구로 분류되었던 청년들이 노동시장에 진입해 청년 실업률이 일시적으로 12~13%까지 급등할 수 있다는 점도 고려해야 한다. 물론 이후에는 6~7%로 안정화될 것이다. 국내 실업자는 2015년 97.6만 명에서 2020년 180만 명까지 증가한 후 2022년에는 92만 명, 2025년 72.3만 명으로 하락할 것으로 전망된다.

노동의 유연성 제고 시 일시적으로는 실업이 증가할 수 있으나 중장기적으로 일자리가 확산되고 정규직/비정규직의 노동시장 이중 구조 문제도 해소될 것으로 기대된다. 노동개혁

	2018	2019	2020	2021	2022	2023	2024	2025
실업률 (%)	4.0	5.5	7.0	5.5	3.7	3.0	3.0	3.0
실업자 (만 명)	98.0	137.0	180.0	138.0	92.0	72.0	72.2	72.3
청년 실업률(%)	10.0	12.0	13.0	10.0	7.0	6.0	6.0	6.0

기업가 쪽 노동의 자유 추진 시 실업 전망

을 추진한 독일, 스페인 등 유럽의 사례를 보더라도 노동 유연화 조치가 중장기적으로 실업문제 해소에 도움이 되었다. 독일은 2003년 하르츠 개혁 추진 결과 실업률이 2000년대 초반 11%에서 2012년 5%대로 하락하고 경기 침체에서 벗어났으며, 스페인도 2010년과 2012년 두 차례의 노동 유연화 조치로 실업률이 2013년 26.1%에서 2015년 22.1%로 크게 하락했다.

또한 노동시장의 경직성이 해소되어 일자리가 늘어나고, 노동시장 진출입이 자유로워져 구직을 포기했던 비경제활동 인구들의 노동시장 진입이 증가하고, 청년 실업률 문제 해결에도 기여할 것으로 전망된다. 독일의 경우 경제참가율(생산 가능인구 중 취업자와 실업자를 합한 경제활동인구 비중)은 2002년 71.5%에서 2015년 77.6%, 고용률(생산가능인구 중 취업자 비중)은 64%에서 74%로 증가하였다.

현재 실업급여 지급액은 월 113만 원(최저임금의 90%)으

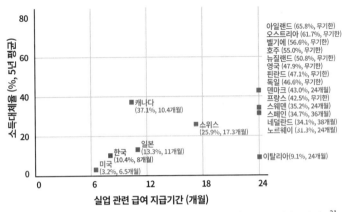

OECD 주요국 실업자 지원(실업급여+실업부조) 비교[21]

로 3인 이상 가족의 경우 의식주·의료·교육비도 감당하지 못하는 수준이며, 실업급여 지급기간도 최소 3개월에서 최대 8개월에 불과하다(2015년 기준 3인 가족의 의식주 및 의료·교육비 지출은 119.3만 원). 더욱이 임금근로자의 30%와 상당수의 자영업자는 고용보험에 가입되어 있지 않아 실업급여도 받지 못하고 있는 상황이다.[22] 한국의 실업급여 소득순대체율[23]과 지급기간은 OECD 중 최하위 수준이다.

---

21 지급기간과 소득순대체율은 실업급여와 실업부조 등의 합계 기준이며, 지급기간이 무기한인 국가는 편의상 24개월로 표시했다. 출처: OECD stat DB, 채구묵 (2011), 〈OECD 주요국 실업급여제도의 유형별 비교〉, 한국사회학 45(1).

22 소득순대체율net replacement rate: 실업자 가족의 소득을 실직 전후로 나누어 5년간(60개월) 실업급여와 각종 사회보장 급부를 모두 합산한 후 세금을 공제한 소득을 실업 전 임금과 비교하여 계산한다.

만약 현재의 미비한 실업급여제도 아래서 기업가 쪽 노동의 자유를 위한 제도 개혁을 추진할 경우, 실업자 중 고용보험 가입자의 14%, 고용보험 미가입자의 44% 등 총 51.5만 가구가 가구소득이 최저생계비 이하인 빈곤가구로 추락할 가능성이 있다. 이에 대한 대책이 없는 한 노동의 자유는 불가능하다.

최소한의 보강: 실업급여와 실업부조의 강화

실업급여를 1단계로, 실업 직전 3개월 평균 월급의 60%에서 70%로 인상해 평균 수급액이 113만 원에서 172만 원으로 59만 원 증가되도록 한다. 실업급여 하한은 기존과 동일하게(최저임금의 90%) 유지하고 상한은 근로자 평균월급(330만 원, 2016년)의 70%(231.3만 원)로 상향 조정할 경우 2015년 기준 4인 가족 최저생계비인 166.8만 원을 감당할 수 있다. 2단계로는 실업급여를 실업 직전 3개월 평균 월급의 80%로 올리고 하한과 상한을 조정해야 할 것이다.

실직 근로자들에게는 실업급여의 수준보다 실업급여 지급기간이 더 중요하다. 1단계 조치로 최대 18개월로 현재보다 최대 10개월 연장해 평균 지급기간이 현재 3.1개월에서 8.1개월로 5개월 연장되도록 한다. 현재 상황에서 실업급여 지급

23 통계청 자료에 의하면, 2016년 3월 현재 임금근로자 중 고용보험 가입자 비율은 70.6%다.

기간을 북유럽 국가 수준인 24개월이나 무기한으로 연장하면 고용보험기금의 지출 부담이 과도해지고 구직 유인도 크게 저하될 우려가 있다는 점을 고려해야 한다. 다만 2단계 조치로는 24개월 이상이 되도록 해야 할 것이다.

구직 유인 강화를 위해 조기취업수당 지출 비중을 2014년 4.4%에서 2025년 최대 8% 수준까지 확대할 필요가 있다. 조기취업수당이란 실업급여 수급기간이 남은 상태에서 재취업을 할 경우 남은 수급기간에 실업급여액을 곱한 금액의 절반을 취업자에게 지급하는 것이다.

또한 고용보험 미가입자가 실직을 해도 최소한의 생계를 유지할 수 있도록 '실업부조' 제도를 도입하여 빈곤가구로 추락하지 않도록 배려해야 한다. 실업부조란 고용보험 미가입자의 가구소득이 실업으로 최저생계비 이하인 빈곤가구로 추락할 가능성이 있는 가계에 가구소득과 최저생계비의 차액을 지원하는 제도다.[24]

위와 같이 실업자 지원체계를 보강할 경우, 향후 일시적으로 실업률이 상승해도 가구주의 실직으로 인해 빈곤가구로 추락하는 가구가 1만 가구 이하로 감소하여 사회적 충격을 크게 완화시킬 것으로 전망된다. 현 실업급여 체계하에서는

---

24 통계청 및 보건복지부 자료에 의하면, 2015년 기준 가구소득과 최저생계비의 차액은 평균 37.9만 원이다.

근로형태	구분	현행	개정안(1단계)
고용보험 가입자	평균 수급액	월 113만 원	월 172만 원
	지급기간	최대 8개월	현행(최대8개월)+최대 10개월
	평균 지급기간	3.1개월	현행(3.1개월) + 5개월
고용보험 미가입자	월 지급액	없음	가구소득과 최저생계비의 차액 지급
	지급기간	없음	12개월

51.5만 가구가 빈곤가구로 추락할 것이다.

1단계 실업자 지원체계 보강을 위해 2018~2022년까지 추가로 소요되는 비용은 5년간 총 125.2조 원(연평균 25조 원)으로 예상된다. 현재의 실업급여 체계하에 향후 5년간 38.4조 원이 소요[25]될 것으로 예상되므로 향후 5년간 총 163.6조 원(연평균 32.7조 원)이 소요될 것이다.

---

25 국회 예산처(2016), 〈2016~2060 NABO 장기 재정 전망〉.

단순 실업자 지원을 넘어 국민기본수요 보장으로

노동자를 위한 노동의 자유는 이상과 같은 단기적인 실업 대책만으로는 부족하다. 국민생활의 질적·양적 개선을 획기적으로 도모해주어야 성립한다. 국민생활에 가장 기본적인 주거, 교육, 보육 등 3대 분야에서 정부가 책임져주지 않으면 노동자 쪽 노동의 자유는 현실적으로 실현 불가능하다. 노동자가 자유롭게 직장을 바꿀 수 있고, 경우에 따라 휴식기를 가지면서 장래를 설계할 수 있도록 해주어야 진정한 노동의 자유가 성립한다. 이렇게 되어야 노동의 자유를 위한 정책이 기업가와 노동자의 '이익 공유' 정책이 된다. 진정한 '패키지 딜'이 된다. 또한 노동자 쪽 노동의 자유를 위한 재정투자는 장기적으로는 물론이고 단기적으로도 경제 활력에 도움이 된다. 단기간의 대규모 투자는 국민들의 생활비용을 낮추고 생활의 질을 향상시키는 동시에 그 과정에서 내수를 활성화시키는 경기 진작 효과도 있다.

최우선 순위는 주거비를 획기적으로 낮추는 데 있다. 현대경제연구원이 발표한 '우리나라 중산층 삶의 질 변화' 보고서(2015. 2. 11)에 따르면 주거비가 중산층의 삶을 고단하게 만드는 주범임이 명백하게 드러난다. 현대경제연구원의 보고서는 다음과 같이 서술하고 있다.

"지출 부문에서 중산층의 삶은 주거, 교육, 여가 측면에서 악화되고, 건강 측면에서는 개선되었다. 주거항목에서 중산층의 전세보증금은 1990~2013년 기간 연평균 11.8% 상승하여 다른 계층에 비해 가장 높은 증가율을 나타냈다. 가처분소득 대비 전세보증금 부담도 1.1배에서 3.1배 늘어나 중산층 전세 부담이 과거에 비해서도 크게 가중되었음을 알 수 있다. 중산층의 소비지출 대비 월세지출 비중은 1990년 11.9%에서 2013년 12.8%로 상승했다. 중산층 전세가구의 보증금은 크게 증가했고, 전세보증금 부담도 과거보다 약 3배 늘어났다. 중산층 가구의 평균 전세보증금은 1990년 890만 원에서 2013년 1억 1707만 원으로 연평균 11.8% 증가했다."

집값 상승 문제는 차치하고라도 전세보증금의 증가 속도는 놀라운 지경이다. 과거부터 중산층을 괴롭히던 주거 문제가 그동안 나아지기는커녕 더 악화되었다. 이러한 통계가 없어도, 주거비를 획기적으로 줄이지 않으면 중산층의 삶의 질이 나아질 수 없다는 것은 누구든지 알고 있는 사실이다. 너무나 심각하기 때문에 우리 모두가 피부로 느끼고 있다.

주거 문제와 쌍벽을 이루는 국민의 기본수요는 교육과 보육 문제다. 위에서 말한 보고서는 중산층의 교육비 문제를 다음과 같이 이야기하고 있다. "교육 항목에서는 소비지출 대비 교육비지출 비중이 1990~2013년에 13.4%에서 20.9%로 저소득층(20.2%)과 고소득층(19.3%)에 비해 가장 높게 나타났으며, 증감률도 7.5%p로 교육비 지출 부담이 다른 계층에 비해 가장 크게 늘어났다. 가처분소득 대비 사교육비도 2000년 6.8%에서 2013년 10.5%로 증가했다."

중산층, 특히 40대 부부 가계 지출의 거의 절반이 주거비와 교육·보육비라는 것이 우리의 현실이다. 이런 상황에서 누가 결혼을 섣불리 하며 아이를 갖겠는가? 육아는커녕 노동자가 직장에 매달려 살아갈 수밖에 없는 실정이다. 중산층을 중심으로 교육비 부담을 줄이기 위해서 고교 무상교육과 대학 반값등록금 제도를 완성시켜야 한다. 또한 가정의 보육 부담을 줄이고 출산율을 높이기 위해 아동수당제도를 도입하여 실질적인 저출산 대책을 추진해야 한다.

국민기본수요 1: 공공임대주택의 공급 확대

주택에 대해 개인적 자산 증식의 수단이 아닌 국민의 주거 안정을 위한 공공 인프라로서의 개념이 정립되어야 한다. 주택보급률은 103.5%(2014년)로 절대적 부족이 해소되었으나, 자가 보유율은 오히려 하락(2006년 61.0% → 2014년 58.0%)하고, 전월세 불안이 주기적으로 반복되고 있다. 특히 저소득층 내에서 1~2인 가구 비중이 급증(1인 52.8%, 1~2인 87.2%)하여 청년가구·고령가구(1인 가구 중 54.0%)의 주거 불안이 나아지기는커녕 더욱 심화되는 추세다. 우리나라 전체 가구의 4분의 1 이상, 임차 가구의 2분의 1 이상은 안정적인 거주가 필요하다. 이런 상태로 어떻게 사회가 통합되며 청년들이 결혼을 꿈꾸고 자식을 양육할 생각을 하겠는가?

박근혜 정부에서는 경기부양을 위해 아파트 거래시장을 활용했다. 금리 인하, 분양자격 완화 등 아파트 분양시장의 부양을 위해 종합선물세트 방식의 정책을 쏟아부었다. 언론조차 아파트 매매거래가 활성화되고 있다고 보도하다 못해 '골디락스Goldilocks'까지 들먹였다. 골디락스 경제란 물가 상승 없는 이상적인 경제성장을 지칭하는 용어다. 아파트 매매거래가 활발한데 가격은 안정되어 있다는 상황을 분석해준답시고 엉뚱한 용어까지 동원한 것이다. 순박한 중산·서민층은 이러한 뉴스에 위안을 받으면서, 대책 없이 치솟고 있는 주거비(전월세)의 해결책으로 아파트 시장에 뛰어들었다. 이러한 상황은 중산·서민층이 부동산(아파트) 시장의 막차를 탄 정도가 아니라 다시는 돌아오지 않는 기차에 올라탄 격이다. 지나간 시대의 부동산 시장의 막차는 10년 후에는 결국 되돌아왔지만, 이번에는 되돌아오지 않을 것이다. 오늘날 우리 경제의 발전 단계는 지난 1960~70년대의 개발경제도 아니고, 1980~90년대의 고도성장 경제도 아니다. 이미 성숙 단계에 들어와 있는 경제임을 인식해야 한다.

우리는 다음 두 가지를 명백하게 인정해야 한다. 첫째, 우리나라는 이미 저성장 시대에 들어와 있고, 디플레 시대로 향해 가고 있는 중이다. 둘째, 모든 분야에서 낙수효과가 순조롭게 작동하지 않고 있다. 이 두 가지를 인정한다면, 지금 우리 경제의 어려움은 경기 사이클의 문제가 아니라 구조적인 문제라는 것을 쉽게 알 수 있다. 불황을 호황으로 전환시키기 위한 각종 거시정책은 임시방편의 의미밖에 없다. 이러한 경기 대응책은 이중구조만 확대·악화시키는 것이다. 중산·서민층을 피폐화시킨다. 2008년도에 시행한 환율 조정 경기 대응 방식의 결과는 참혹했다. 대기업 내에서조차 양극화를 심화시켰다. 중소기업은 '키코KIKO 사태'로 초토화되었다. 다른 분야의 양극화 확대는 아예 언급할 필요조차 없다.

낙수효과를 기대하고 건설 경기를 살려보려고 해서는 안 된다. 아파트 분양을 의도적으로 활성화해서는 안 된다. 우리나라의 베이비붐 세대가 일으켰던 부동산 거품은 더 이상 재현되지 않을 것이다. 그들이 생애 첫 주택을 구입하던 시기도, 큰집으로 이사하던 시기도 이미 지나가버렸다. 새로운 세대의 힘(소비)은 극도로 약화되어 있다. 지금 중산·서민층에게 주택 구입을 권유하는 것은 중산·서민층을 빠져나올 수 없는 빚쟁이로 만들 가능성이 높다. 주택 구입 장려 같은 자산 형성 촉진정책은 속성상 인플레 시대에만 적용될 수 있는 정책이다. 중산·서민층에게는 주택 소유보다 전월세 제도 개선 등으로 주거비용을 낮추고, 주거 안정을 도모해주는 것이 훨씬 중요하다. 국민기본수요가 저비용으로 조달이 가능하도록 해주어야 한다. 2008년도 '환율 조정 경기 대응 방식'이 단순히 '이자율 조정 경기 대응 방식'으로만 바뀌어서는 안 된다. 수술을 하기 위해 마취주사는 필요하다. 그러나 마취만 하고 수술을 미루어서는 안 된다.

현재 저소득층을 포함해 국민들에게 가장 부담이 되는 지출 항목은 주거비 문제다. 주거비를 절감하고 주거 불안 해소를 위해 공공임대주택 공급을 획기적으로 확대해야 한다. 현재 전체 가구의 5.8%에 불과한 공공임대주택 공급 비율을 2022년까지 20%로 높여야 한다. 이후 2단계로 주택시장 수요, 인구 추계 등을 고려하여 2025년까지 25%로 높이는 방안을 검토할 수 있다. 2018~2022년까지 5년간 286만 호를 공급하면 2017년 말 기준 임대주택 재고 121만 호를 포함하여 2022년 전체 가구 2033만 호 중 20%인 407만 호가 공공임대주택이 된다. 2015년 기준 유럽의 공공임대주택 비율은 프랑스 17%, 영국 18%, 스웨덴 18%, 오스트리아 23%, 네덜란드 32% 등이다. 계획대로 추진된다면 2022년 한국의 임대주택 공급 비율은 유럽 국가와 비슷하거나 높은 수준에 이르게 될 것이다.

공공임대주택의 공급은 정부가 직접 지어서 공급하는

'건설임대', 기존 주택을 정부가 매입하여 재임대하는 '매매임대', 기존 주택을 임대해 저렴하게 재임대하는 '전세임대' 등 3가지 방식으로 추진해야 한다. 임대방식별 공급 비율은 최근 5년간 공급 비중인 건설임대 58%, 매매임대 12%, 전세임대 30%의 비율대로 추진하면 될 것이다.

　5년간 286만 호 공급에 필요한 총 사업비는 330.8조 원이며, 사업비는 정부 재정, 주택도시기금[26], LH주택공사가 분담하여 사업을 추진한다. 331조 원 중 정부 재정은 110조 원(비중 33%), 주택도시기금은 191.2조 원(58%), LH주택공사는 29.6조 원(9%)씩 담당한다. 현재 공공임대주택 사업은 정부 재정, 주택도시기금, LH주택공사 등 3개 주체가 나누어 추진하고 있으며 주체별 분담 비율은 건설임대, 매매임대, 전세임대 등 임대방식별로 국토교통부 주택업무편람에서 정하고 있다. 향후 5년간 사업비의 배분도 2015년 주택업무편람상의 분담 비율을 준용한 것이다.

　이 중 주택도시기금은 건설임대, 매매임대, 전세임대 공급에 5년간 총 191.2조 원을 분담해야 하는데 2015년 말 현재 불용액(36.2조 원)과 향후 국민주택채권, 청약저축 등 기금 수

---

26 주택도시기금은 국민주택과 임대주택 건설을 위한 주택사업자와 주택을 구입·임대하려는 주택수요자에게 자금을 지원하기 위해 설치된 기금으로 주요 재원은 국민주택채권(부동산 거래시 의무 매입), 청약저축, 일반회계 전입금, 복권기금 등으로 구성되어 있다.

입의 지속적인 상승분(연평균 2%)을 고려해도 5년간 38.8조 원이 부족하다. 주택도시기금법상 주택도시기금은 운영에 필요한 경우 기금의 부담으로 한국은행 또는 금융기관 등으로부터 차입이 가능해 기금의 부족분 38.8조 원은 한국은행에서 차입할 수 있다.

'건설임대'는 2018년 사업을 시작해 설계, 토지 보상 후 2020년 착공, 2022년 준공하여 총 166만 호가 공급된다. 공급주택은 현재와 같이 호당 44㎡(13평), 58㎡(18평), 71㎡(22평) 등 3가지 유형을 3분의 1씩 공급한다. 사업비는 5년간 총 233.2조 원이 소요되며 정부 재정, 주택도시기금, LH주택공사가 분담한다.

'매매임대'는 2018년부터 총 34.3만 호를 매년 20%씩 공급 가능하다. 주택 매입비용은 호당 0.96억 원으로 다가구주택 등 소규모 주택이 매입 대상이다. 사업비는 5년간 32.9조 원이 투입되며 역시 정부 재정, 주택도시기금, LH주택공사가 분담한다.

'전세임대'는 2018년부터 85.8만 호를 매년 20%씩 공급 가능하다. 호당 전세금 한도는 0.85억 원이다. 전세임대의 사업비는 전세보증금이므로 향후 회수 가능하다. 5년간 보증금은 64.7조 원이다.[27]

2022년까지 공공임대주택의 공급 비율을 25%까지 높

	공공임대주택 거주율	민간 전월세 거주율	자가 거주율
현재	9%	37%	54%
개선	25%	20%	55%

이는 공격적인 방안도 검토해볼 수 있지만, 5년간 사업비가 총 457조 원이 소요된다. 정부 재정 153조 원, 주택도시기금 263조 원 등 재정과 기금의 부담이 과도하기 때문에 2022년 이후 주택시장 수요 등을 감안하여 2단계로 공급을 확대하는 방안이 적절하다고 판단된다.

장기적으로 330만 호의 공공임대주택을 공급하면, 위의 표에서처럼[28] 임대주택 거주 비율 25% 확보가 가능해진다. 거주 유형 구성을 자가 55%, 공공임대 25%, 민간임대 20%로 구성함으로써 주기적인 전월세난 등 주택시장의 불안정성을 최소화해야 한다.

하우스푸어의 해결과 내수 활성화 도모

중산 서민층의 과도한 주거비 부담을 해소해주면 당연히

---

27 주택업무편람상 전세보증금은 전액 주택도시기금이 담당하게 되어 있다.

28 출처: 이상영(2013), 〈민간 주택임대업의 패러다임 변화와 발전방안〉, 《주택금융월보》 2013년 1월호.
외국의 공공임대주택 재고 비율: OECD 평균 11.5%, EU 평균 15.0%, 홍콩 29%.

이로 인한 과도한 금융 부담이 해소된다. 이러한 금융 부담 해소는 소비 증대 등 내수 활성화로 이어져서 경제 활성화에도 기여할 것이다. 아래 표[29]에서 보이듯, 저성장·양극화로 주거비 부담은 10년 전과 비교하여 오히려 심화 추세에 있다.

현재 우리 경제의 최대 현안 중의 하나가 가계부채 문제다. 2016년 말 기준 가계빚은 1344조 3000억 원이다. 2016년 한 해에만 141조 2000억 원이 늘었다. 사상 최대 증가세다. 이 중에서 이자 상환이 힘든 한계가구[30]가 200만 가구 이상으로 추정된다. 우리나라 한계가구의 특징은 '하우스푸어[31]형'이 많다는 점이다. 가계대출 잔액 중 주택담보대출이 주요 비중을 차지하고 있기 때문이다. 하우스푸어 문제는 빈곤의 문제만이 아니다. 부채 해결을 위해 부동산 자산 매각이 필연적으로 뒤따른다. 베이비부머의 은퇴 시기도 다가오고 있다. 한꺼번

		2006년	2010년	2014년
주거비 부담	자가가구의 PIR(배)	4.2	4.3	4.7
	임차가구의 RIR(%)	18.7	19.2	20.3

29 PIR(연소득 대비 주택가격 배율), RIR(월소득 대비 월 임대료 비율). 출처: 국토교통부(2015), 〈2014 토지주택통계편람〉.

30 한계가구란 가처분소득 대비 원리금상환액 비율(DSR)이 40%를 넘고 금융부채가 금융자산보다 많은 마이너스 가구를 뜻한다.

에 주택 매물이 출회되면 주택시장의 대혼란이 우려된다. 하우스푸어, 베이비부머 등의 주택 매물을 인수하여 시장 연착륙을 도모해야 한다.

이를 위해 공공임대주택의 공급 계획 중에서 새로 지어서 공급하는 '건설임대'보다 기존 주택을 정부가 매입하여 재임대하는 '매매임대' 비중을 확대하거나 사업 시행 초기에 집중적으로 추진할 필요가 있다. 매매임대는 하우스푸어의 집을 집중적으로 매입하고, 집주인에게 임대하면서 우선매수청구권을 부여하는 방법을 강구해야 할 것이다. 또 다른 개인 워크아웃을 신설하는 셈이지만 오히려 기업에 대한 워크아웃과 비슷한 방식이다. 부실기업이 파산하기 전에 채권단이 워크아웃을 결정하여 재기할 수 있도록 해주는 것과 같은 방식이다.

이러한 획기적인 대책을 이행하기 위해서는 정부조직 체계도 상당 부분 바뀌어야 할 것이다. 우선 국토교통부는 '국민생활안정부'로 개편하면서 산하에 장관급 '국민주거생활안정위원회'를 두어 임대주택 공급 및 운영을 전담해야 할 것이다. 여기서 연간 공급물량은 시장 상황을 고려하여 수급에 맞게

---

31 집을 소유하고 있지만 주택 구입을 위한 대출로 인해 생긴 이자 및 원리금 상환 부담 등으로 빈곤하게 사는 사람들을 뜻한다. 한국 사회에서 하우스푸어가 양산되는 것은 정부의 주거 안정 정책의 빈곤으로 개인이 자산의 대부분을 부동산에 쏟아부어야 하는 상황과 관련이 있다. 때문에 한국 가계의 부동산 자산 비중은 전체 자산의 약 80%다. 미국 37%, 일본 40%에 비해 두 배 이상 높다.

탄력적으로 운영해야 할 것이다. 시장 침체 및 하우스푸어 대규모 발생 시에는 주택 매입 계획을 앞당겨 조정하고, 시장 과열 조짐 시에는 매입물량을 환매도하여 시장 안정 수단으로 활용해야 할 것이다. 그리고 LH주택공사를 임대주택사업 위주로 개편해야 한다.

국민기본수요 2: 대학 반값등록금과 고교 무상교육

국민들에게 큰 부담이 되고 있는 교육비 부담을 줄이기 위해 대학교 반값등록금과 고등학교 무상교육을 시행해야 한다. 대학교 반값등록금과 고교 무상교육은 18대 대선 등에서 공약으로 제기되어왔지만 아직 시행되지 않고 있다. 대학교 반값등록금에 연간 2.9조 원, 고교 무상교육에 0.8조 원이 소요되어 연간 3.7조 원의 추가 재정 지출이 필요할 것으로 예상된다.

대학교 반값등록금을 시행하기 위해서는 향후 5년간 연평균 5.3조 원이 필요할 것으로 추정된다. 2018년의 경우 대학 재학생이 164.3만 명으로 예상되는데, 이 중 국공립대 재학생이 37.7만 명에 평균 등록금 342만 원, 사립대 재학생은 126.6만 명에 평균 등록금이 706만 원이기 때문에 전체 등록금은 연 10.9조 원으로 추정된다. 이 중 50%를 정부 재정으로 보조해주는 것이다. 그런데 정부가 학령인구 감소 등을 반

	2018년	2019년	2020년	2021년	2022년
대학 총 재학생	164.3만 명	159.3만 명	154.1만 명	148.0만 명	141.2만 명
(국공립)	37.7만 명	37.7만 명	37.7만 명	37.7만 명	37.7만 명
(사립)	126.6만 명	121.6만 명	116.4만 명	110.3만 명	103.6만 명
1인당 평균 등록금	669만 원	680만 원	691만 원	701만 원	711만 원
등록금 수입	10.9조 원	10.8조 원	10.6조 원	10.4조 원	10.0조 원
반값등록금 (50%)	5.5조 원	5.4조 원	5.3조 원	5.2조 원	5.0조 원

연도별 대학 등록금 및 반값등록금 전망[32]

영해 대학 정원을 2018년부터 3년간 5만 명, 2021년부터 3년 간 7만 명 감축할 계획이기 때문에 대학 재학생 수는 2014년 205.9만 명에서 2018년 164.3만 명, 2022년 141.2만 명으로 감소할 것으로 예상된다. 이에 따라 반값등록금 지원액은 2018년 5.5조 원에서 2022년 5조원 수준으로 계속 감소할 것이다.

현재 연간 4조 원이 지출되고 있는 국가장학금 제도는 대학교 반값등록금 정책과 동일한 취지로 시행되고 있으므로 반값등록금 정책을 전면적으로 시행할 경우 대폭적인 예산

---

32 5년간 대학 등록금은 한국은행의 물가안정 목표치인 연평균 2%씩 인상되는 것으로 가정한다.

절감이 가능하다. 근로장학금, 저소득층을 위한 장학금 등을 제외하면 연간 예산의 60%인 2.4조 원 정도를 감축할 수 있다. 국가장학금 제도 절감액을 고려하면, 대학교 반값등록금에는 연간 2.9조 원의 추가 재정 지출이 예상된다.

고등학교 무상교육을 시행하는 데는 향후 연평균 1.3조 원이 소요될 것으로 전망된다. 고교 무상교육의 지원 범위는 입학금, 수업료, 학교운영비, 교과서 대금 등이다. 2018년의 경우 고등학교 재학생은 151.3만 명, 1인당 교육비는 171만 원으로 예상된다. 이 중 학비가 일반 고등학교에 비해 3배 이상 비싼 자율형 사립고와 사립 특수목적고는 무상교육 대상에서 제외한다. 일반 고등학교 대상 무상교육은 2018년 도서벽지, 2019년 읍면, 2020년 일반도와 중·소도시 순으로 단계적으로 확대하고 2021년부터 전면 실시한다.

2021년 고등학교 무상교육을 전면 시행하게 되면 현재 정부 재정으로 지원하는 연간 1.1조 원 규모의 고교 학비 지원 예산을 감축할 수 있다. 절감액을 고려하면, 결과적으로 연평균 0.8조 원의 추가 재정 지출이 예상된다.

국민기본수요 3: 아동수당제 도입

정부는 지난 10년간 저출산 대책으로 80조 원의 예산을 투입했지만 출산율은 전혀 높아지지 않고 있다. 2006년

	2018년	2019년	2020년	2021년	2022년
전체 고등학생	151.3만 명	140.3만 명	133.7만 명	129.7만 명	127.6만 명
무상교육 대상자	144.8만 명	134.3만 명	127.9만 명	124.1만 명	122.1만 명
무상교육 수혜자	0.9만 명	19.5만 명	78.2만 명	124.1만 명	122.1만 명
1인당 학비	171만 원	175만 원	178만 원	182만 원	185만 원
총 소요 예산	0.1조 원	0.3조 원	1.4조 원	2.3조 원	2.3조 원

연도별 고등학교 무상교육 소요 예산 전망

1.12명이었던 출산율이 2015년에도 1.24명에 그치고 있다. 여전히 세계 최하위 수준을 벗어나지 못하고 있다. 왜 이렇게 성과가 없을까? 가장 큰 이유는 아이를 키우는 부모들의 생활여건(직장, 주거 등)이 개선되지 않고 있기 때문이다. 또 다른이유는 직접적인 보육비용 문제다. 정부가 보조해주어야 한다. 10년간 80조 원을 쏟아붓고도 성과가 없는 가장 큰 이유는 정부 지원이 직접보조가 아닌 간접보조였기 때문이다. 정부의 지원제도 중에서 간접보조는 낡은 수도관처럼 항상 누수가 많다. 새로운 돌파구가 필요하다. 기존의 각종 간접보조를 정비하고 직접보조로 전환해야 한다. 직접보조 제도는 현재 유럽 등에서 성과를 내고 있는 아동수당제(아동을 대상으로

	2018년	2019년	2020년	2021년	2022년
전체 아동	441.1만 명	436.8만 명	433.0만 명	425.4만 명	418.8만 명
(0~4세 아동)	211.5만 명	208.7만 명	205.3만 명	203.5만 명	203.2만 명
(5~9세 아동)	229.6만 명	228.1만 명	227.7만 명	221.9만 명	215.6만 명
총 수당	8.0조 원	8.0조 원	8.0조 원	7.7조 원	7.6조 원

아동수당제도 소요 예산 전망

직접 현금 지급)를 도입하는 것이다.

프랑스의 경우, 1990년대 초반 출산율이 1.65명으로 OECD 국가들 중 최저 수준이었지만 출산수당, 양육수당, 가족수당 등 다양한 아동수당제로 국가 재원을 집중해 저출산 상황을 극복했다(2015년 출산율 2.0명). 현재 프랑스, 독일, 영국, 일본 등 전 세계 90여 개국이 아동수당을 이미 도입했다. 독일은 자녀 1명당 23.6만 원을 지급하고 있으며, 일본은 3세 미만은 15만 원, 3세 이상 초등학생까지는 10~15만 원을 지급하고 있다.

만 9세 이하 아동들을 대상으로 월 10~20만 원(만 4세 이하 10만 원, 9세 이하 20만 원)씩 지급하는 아동수당제를 도입하려면 연평균 7.9조 원의 예산이 필요하다. 만 9세 이하 아동이 2018년 441만 명에서 2022년 418만 명으로 감소해(통계청 인구추계) 지급 비용이 2018년 8조 원에서 2022년 7.6조 원으로 다소 감소할 것으로 예상된다. 아동수당제를 도입하는 동시에 기존의 보육예산 중 가정양육수당(연 1.2조 원), 영유아보육료(연 4.7조 원), 유치원 보육료(연 4.1조 원) 등 중복 가능성이 있는 예산은 절감할 필요가 있다. 특히 간접보조는 아동수당으로 통합해서 각 가정에 직접 보조해야 한다.

'노동의 자유' 쌍방 보장을 위한 재원 확보

기업가가 혁신을 통해 새로운 성장모델을 만들어가려면 노동에 대한 자유로운 결합이 전제되어야 한다. 하지만 이 과정에서 노동자들이 일시적으로 일자리를 잃을 수도 있기 때문에 실업자 지원체계를 강화해야 한다. 이를 '기업가 쪽 노동의 자유를 위한 재원 대책'이라고 부를 수 있다.

더 나아가 노동자를 위한 노동의 자유를 근본적으로 보장하기 위해서는 단기적인 실업 대책만으로는 부족하다. 주거, 보육, 교육 등 기초적인 생활까지 어느 정도 보장되어야만 노동자가 자신의 노동을 제공할 것인지 말 것인지를 자유롭게 선택할 수 있다. 단기 실업 대책을 넘어 국민들의 기본적인 생활이 보장되어야 노동의 유연성이 기업가의 권리만이 아닌 명실상부한 노동자의 권리가 될 수 있다. 이를 '노동자 쪽 노동의 자유를 위한 재원 대책'이라고 부르기로 하자.

기업가 쪽 노동의 자유를 위한 재원 대책

① 고용보험기금 개편: 5년간 13.3조 원

현재 고용보험기금 실업급여에서 충당되고 있는 모성보호급여를 건강보험기금으로 이관하면 총 8.8조 원을 확보할 수 있다(연평균 1.8조 원). 모성보호에 들어가는 비용은 원칙적으로 사회보험인 건강보험에서 지출하거나 정부가 별도의 예산으로 집행해야 하지만, 2001년 모성보호급여 도입 당시 건강보험의 재정이 어렵다는 이유로 고용보험기금에서 부담하기로 한 후 현재까지 계속되고 있다. 하지만 모성보호사업의 예산이 갈수록 크게 증가하고 있는 상황에서 고용보험기금이 계속 이 비용을 부담하는 것은 적절하지 않다. 모성보호급여가 고용보험과 연계되어 있다 보니 고용보험에 가입되어 있는 정규직 여성만 모성보호급여 지원 혜택을 받는 불합리한 상황도 발생하고 있다. 또한 고용보험 요율을 현 1.82%에서 2.82%로 1.0%p 인상하면 4.5조 원(연평균 1조 원)을 추가로 확보할 수 있다.

② R&D 예산 효율화: 5년간 20조 원

국가 R&D 예산(2016년 예산 19.1조 원) 지원제도는 시대에 맞지 않는 제도다. 성과가 없고 관리도 미흡하다. 정부는 기초연구와 우주항공 등 민간의 R&D 투자가 어렵고 불확실성이 큰 과제에만 집중해야 한다. 최소한 예산의 20% 이상을 절감할 수 있다. 5년간 최소한 총 20조 원 이상을 확보할 수 있다.

③ 사회복지 예산 구조조정: 5년간 16.5조 원

누수가 많은 지방자치단체와 민간단체 국고보조금 지원은 축소(7.2조 원)되어야 한다. 건강보험과 국민연금의 악성 체납액 6% 징수(5.8조 원) 등으로 재원을 확보해야 한다. 우리나라는 생애 근로기간이 선진국에 비해 짧다. 평생소득이 상대적으로 낮은 수준이다. 정년 연장 또는 폐지가 추진되어야 한다. 국민연금이나 건강보험 등의 재정 지원 소요를 줄이는 대안도 될 수 있다.

④ 일자리사업 효율화: 5년간 21.7조 원

일자리사업 예산(2016년 15.8조 원) 중 상당 부분이 고용안정·직업능력개발의 성격이 강해 고용보험기금의 지출과 중복되고 있으며, 사회보험 사각지대 해소 사업의 경우도 실업부조의 도입과 중복되므로 통폐합할 수 있다(5년간 총 15.5조 원). 고용장려금사업(2016년 예산 2.8조 원)은 취업 취약 계층(장기 실업자, 노인, 청년 등)의 고용 지원이 목적인데 일부 사업의 경우, 취약계층이 아닌 일반 중장년층에게 혜택이 제 공되는 등 목적과 다르게 사용되고 있어 예산 축소가 필요하 다(5년간 총 6.2조 원, 연간 예산의 30~40% 절감).

⑤ 저출산·고령화 예산 통폐합

고령화 예산(2016년 34.6조 원)은 다수의 사업이 유명무실 하거나 재정 투입 효과를 기대하기 어려워 사업을 통폐합할 필요가 있다. 예를 들면, 미래부 소관의 '은퇴자 직무경험 활 용도 제고사업'과 '고령친화산업 육성을 위한 연구개발 활성 화사업'의 경우 성과 측정이 어렵고 재정 투입 효과도 기대하 기 어렵다. 또한 보건복지부의 '고령화사업활동 지원사업 내 실화사업'도 명칭과 달리 고령자의 공익활동에 월 20만 원씩 9~12개월을 지원하는 일종의 공공근로사업이다.

⑥ 비효율 사업 및 예산 과다 편성 사업 효율화: 5년간 7.0조 원

사업 집행률이 50% 미만이거나 계획 대비 집행률이 10%p 이상 부진한 사업, 신규 사업 중 사업계획이 부실하거나 법적 근거가 부족해 문제를 지적받은 사업 등을 효율화해야 한다

(총 2.5조 원). 예를 들면, '도심재정비 촉진사업' '지방하천 정비사업' '세계유산사업' 등은 모두 사업의 집행률이 50% 미만으로 효율화가 필요하다. 기금사업 중 '중소기업 창업 및 진흥기금'의 신성장 기반 융자사업 등 정부가 민간에 융자를 제공하는 사업 중 예산이 과다 편성된 사업이 많아 예산을 절감할 수 있다. 2016년 국회예산정책처는 융자사업 27.2조 원 중 4.3조 원이 과다 편성되었다고 지적했다. 이 중 20%인 0.9조 원을 매년 절감하면 5년간 총 4.5조원이 절감 가능하다(총 4.5조 원).

⑦ 소득세 과세의 형평과 투명화

가장 합리적인 증세 방안은 개인소득세의 형평성을 높이는 것이다. 현재 연소득이 3억 원이 넘으면 최고 세율이 적용된다. 3억 원의 소득을 올리는 사람이나 수백억 원 내지 수천억 원의 소득을 올리는 사람이나 같은 세율의 세금을 낸다. 불공평하다. 또한 현재는 각종 소득을 분리해서 세금을 내고 일정 경우에만 종합과세를 한다. 근로소득, 이자소득, 배당소득, 임대소득, 양도소득, 상속소득 등 여러 가지 소득이 있지만 개인의 입장에서 보면 똑같은 소득이다. 오늘날 국세청은 납세자보다 오히려 납세자의 소득 정보를 더 잘 알고 있다. 세원 포착 측면에서는 분리 과세할 이유가 없다.

모든 국민들이 한 해 동안 벌어들인 모든 소득을 더하고 여기서 공제와 비용을 제외하고 남은 소득에 누진적인 과세를 해야 한다. 그 소득이 많으면 많을수록 더 높은 세율을 적용해야 한다. 그 소득이 적은 경우에는 면세가 되거나 국가의 지원 대상이 되는 것이다. 개인소득세 개편을 통해 "세금은 소득이 있으면 반드시 낸다. 소득이 많으면 많을수록 높은 세율을 부담한다. 소득이 적으면 적을수록 낮은 세율을 부담하거나 면세 또는 국가 지원 대상이 된다."라는 간단하고 명료한 메시지를 국민에게 주어야 한다. 그래야 세금 부과가 정당화된다.

⑧ 조세 감면의 축소

우리나라의 조세 감면 제도는 경제정책의 수단을 넘어 지나치게 남발되어 조세체계가 엉망이 되어 있다. 지금도 정책을 만드는 실무진들은 새로운 목표가 생기면 일단 조세 감면이라는 손쉬운 수단부터 동원하려고 한다. 하지만 그동안 조세 감면 제도가 너무 남발되어 재정 건전성을 훼손하고 조세의 형평성 측면에서도 많은 문제를 발생시키고 있으므로 현행 조세 감면 제도를 과감하게 축소하거나 폐지할 필요가 있다. 조세 감면의 축소를 통해 연 4조 원 이상의 재원을 조달할 수 있다. 국가의 보조나 지원은 '직접적인 보조'를 통해 시행

(단위: 조 원)

구분		2018년	2019년	2020년	2021년	2022년	합계
노동의 자유 추진 시 실업률(%)		4.0	5.5	7.0	5.5	3.7	
필요재원	기존 재원 (A)	6.7	7.1	7.7	8.2	8.7	38.4
	총 소요 재원 (B)	23.4	33.8	45.5	36.0	24.9	163.6
	(실업급여)	22.7	32.8	44.2	35.0	24.2	158.9
	(실업부조)	0.7	1.0	1.3	1.0	0.7	4.7
	추가 소요 재원 (B-A)	16.7	26.7	37.8	27.8	16.2	125.2
조달방법	고용보호기금 (C)	2.0	2.3	2.6	3.0	3.4	13.3
	(모성보호급여 이관)	1.3	1.5	1.7	2.0	2.3	8.8
	(고용보험 요율 인상)	0.7	0.8	0.9	1.0	1.1	4.5
	일반회계 구조조정 (D)	14.5	15.3	16.0	16.6	17.7	80.1
	R&D 예산 효율화	4.5	4.5	4.5	4.5	4.5	20.0
	비효율적 사업 정리	2.4	2.4	2.4	2.4	2.4	7.0
	복지예산 구조조정	2.8	3.1	3.3	3.5	3.8	16.5
	일자리사업 효율화	3.5	3.9	4.3	4.7	5.3	21.7
	저출산·고령화사업 통폐합	1.3	1.4	1.5	1.5	1.7	7.3
	소득세 형평화 (E)	1.0	3.0	3.5	3.5	3.5	14.5
	조세 감면 축소 (F)	-	4.0	4.5	4.5	4.5	17.5
	확보 가능 재원 (C+D+E+F)	17.5	24.6	26.6	27.6	29.1	125.4
확보 가능 – 추가 소요 재원		0.8	△2.1	△11.2	△0.2	12.9	0.2
누적 재원		0.8	△1.3	△12.5	△12.7	0.2	0.2

기업가 쪽 노동의 자유를 위한 재원 조달 방안[33]

해야만 투명성과 정당성이 확보된다는 사실을 명심해야 한다.

노동자 쪽 노동의 자유를 위한 재원 대책

① 부가가치세율 5%p 인상(연평균 21.4조 원 추가 조달)

우리나라의 부가가치세율은 1977년 도입된 이후 40년간 10%로 유지되어왔다. 이는 OECD 국가들 평균인 19.2%보다 매우 낮은 수준이다. 한국은 OECD 국가들에 비해 세수 중 법인세의 비중이 높은 반면, 소비세와 소득세의 비중은 낮은 편이다. 부가가치세율을 인상할 경우, 노동의 자유 확대를 위한 안정적인 추가 재원 확보가 가능하다. 부가가치세율 인상과 관련해, 부가가치세의 소득 역진성에 대한 논란이 있다. 그러나 그러한 생각은 상품·서비스의 다양성과 정부 지출구조를 고려하지 않은 생각이다. 증가되는 재원을 실업 지원, 서민 주거·교육·보육 지원 등에 사용할 경우 소득 재분배 효과를 거둘 수 있다.

부가가치세율을 5%p 인상할 경우 연평균 25.8조 원의 세수가 증가할 것으로 예상된다. 부가가치세를 일시에 5%p 인상할 경우 부담이 크므로 2018년과 2020년 2.5%p씩 나누어 인상한다. 단, 세율 인상에 따른 소비 위축으로 5년간 실제 세

---

33 연도별 일시적 부족액은 일반회계에서 국고채를 발행하여 충당한다.

율 증가 폭은 4.5%p 정도로 예상된다. 세율 인상이 국민경제에 부담이 될 수도 있지만, 증가하는 세수를 취약계층 지원 등에 활용할 경우 부가가치세율 상승에 따른 반감과 부담을 상쇄할 수 있을 것이라고 생각한다. 향후 복지 확대 등으로 재정 소요가 증가된다는 것은 우리 모두 알고 있는 사실이다. 부가가치세 등 소비세의 역할이 강화되어야 하는 것은 필연적이다. 물가가 안정되어 있는 현재의 시점이 부가가치세율을 인상할 수 있는 적기다.

현 부가가치세율은 10%로 OECD 평균 19.2%(2016년 1월)의 절반 수준인데다 경제 규모에 비해 세수 규모도 지나치게 작다. OECD 국가 중 영국(20.0%), 스웨덴(25.0%), 독일(19.0%), 프랑스(20.0%) 등 대다수 국가의 부가가치세율이 한국에 비해 높으며 캐나다(5.0%), 일본(8.0%), 스위스(8.0%) 등 3개 국가만 한국보다 낮다. 현재 한국의 부가가치세수는 GDP의 3.9%로 OECD 평균 6.2%를 크게 하회하고 있다. 세율을 15%로 올려도 GDP 대비 부가가치세수 비중은 5.7%에 그쳐 여전히 OECD 평균에 미달하는 수준이다.

② R&D 예산 50% 조정(연평균 5.6조 원 추가 조달)

국가 자원 배분의 대전환이 필요한 때다. '국가의 정책'이란 다른 말로 표현하면 '자원의 배분'이다. 여기서 '자원'이란 물적·인적·재정 자원 등 국가가 동원 가능한 모든 수단을 의미하는 광범위한 개념이다. 경제개발이란 다름 아닌 경제 분야의 자원 배분이며 우리나라에서 본격적인 경제개발을 추진한 시기는 1960년대부터다. 물론 1950년대에도 전후 복구를 위한 경제개발을 시도했지만, 1961년의 경제기획원 발족을 경제개발 시대의 시작으로 보는 것이 타당할 것이다. 경제기획원은 5.16 이후 제일 먼저 만든 정부조직이었다. 휘발유 공급조차 미군에 의존하던 당시에 국내외의 가용 자원을 총동원하고 이를 배분하는 기구가 필요했던 것이다.

경제기획원은 기획국에서 5개년 계획을 수립하면, 그 계획에 맞추어 외자外資(차관 등)와 내자內資(세금 등)를 배분하는 구조였다. 배분 방식은 기업의 생산요소인 자본 등을 개별 기업에게 직접 지원해주는 방식이었고 전체가 아닌 선별적 지원이었다. 소위 '집중과 선택' '불균형 성장론'이라 할 수 있다. 국가적으로 중요하거나 돈벌이가 잘되는 사업은 누가 할 것인지 사업 주체도 결정해주었다. 사실상 국가면허제도였으며 '국가자본주의'였다. 그러므로 중대한 국책사업은 5개년 계획이라는 행정적인 절차에는 포함되지 않았고 정치적으로 결정되었다. 경부고속도로, 포항제철, 중화학공업 등이 대표적인 정치적 결정의 산물이었다.

오늘날 재벌은 1960년대부터 80년대 중반까지 약 25년에 걸친 선별적 직접지원의 산물이며, 대외 수입 규제로 국내 독점 이익도 보장받았다. 최근에 '땅콩 회항 사건'을 일으킨 대한항공조차 국민의 세금으로 직접지원을 해주었고 조종사의 해외 취업도 금지시켜 독점 고용이 가능하도록 도왔다. 개별 기업에 대한 직접적인 지원과 경쟁 제한은 자본 부족에 시달리는 국내 기업의 획기적인 성장에 기여했다. 그러나 시간이 흐를수록 정경유착이라는 국내 비판과 불공정 보호무역이라는 국외의 공격을 받았다. 미국과는 통상 마찰까지 일으키게 됐다.

1980년대 중반부터 자원 배분의 전환이 시도되었다. 특정 기업에 대한 직접지원에서 불특정 기업에 대한 기술, 인력, 에너지 등 간접지원으로 전환되었고 대표적인 것이 R&D 분야의 국가적 지원이었다. 대외 개방도 함께 추진되어 경쟁을 유도했다. 이러한 전환은 1980년대 중반부터 시작된 우리 경제의 황금시대와 적절한 조화를 이루었다. 그러나 이러한 간접지원도 결국은 대기업 위주로 자원이 흘러들어갔다. 여러 가지 이유를 들 수 있으나 무엇보다 감사 시스템의 문제와 이에 따른 관련 기관 담당자의 안일함 때문이었다. 기술개발 지원도 대기업과 직간접으로 관련되어야 책임 문제가 발생하지 않았고 퇴직 후 자리 보장도 수월했던 것이다.

30년 이상 사용해온 이러한 간접지원 방식도 이제 수명

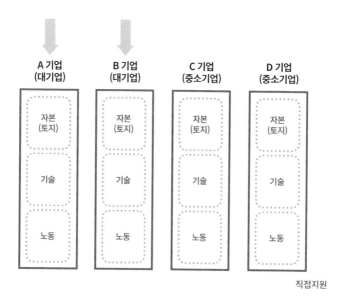

직접지원

을 다했다. 매년 19조 원이 넘는 돈을 국가에서 선택한 R&D에 지원할 필요는 없다. 아직도 국가가 최선의 선택을 할 수 있다고 생각하면 오산이다. 우리도 서구 유럽 국가들처럼 무차별적 노동 지원으로 자원 배분을 대전환해야 할 때다. 기업의 생산요소 중 토지, 자본, 기술을 지원하는 것이 아니라 노동이라는 생산요소 지원을 강화해야 한다.

　노동은 모든 기업에 무차별적으로 지원이 가능하다. 근로자의 주택, 의료, 자녀교육비 등 기본수요는 기업이 아닌 국가의 책임이다. 국가의 책임을 기업에 떠맡기면 안 된다. '노동

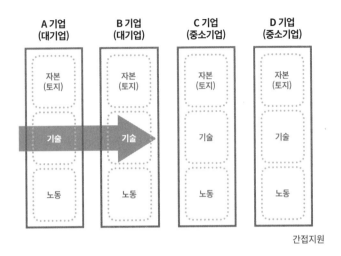

| A 기업
(대기업) | B 기업
(대기업) | C 기업
(중소기업) | D 기업
(중소기업) |

간접지원

의 유연성'이 고용주의 권한이 아닌, 노동자들의 권한이 되어야 우리의 문제가 해결된다. 근로자들이 해고에 불안하도록 방치해서는 안 되며, 노동자들이 고용주에게 매달리도록 해서도 안 된다. 기업도 정부 지원에 매달리게 해서는 안 된다. 자원 배분의 대전환이 필요한 시대가 왔다. 경제 리세팅의 중요 포인트다.

결론적으로 말하면 현재 정부의 R&D 예산은 절반으로 줄일 수 있다. 연간 R&D 예산(2016년 19.1조 원)의 50%를 감축하면 연간 9.6조 원의 세수를 확보할 수 있다. 기업가 쪽 노동의 자유를 위한 재원 대책에서 예산의 20%를 절감한 것을 고려하면, 그에 비해 추가적으로 연평균 5.6조 원을 조달 가

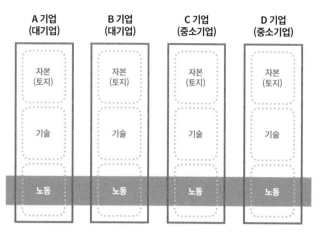

A 기업 (대기업)	B 기업 (대기업)	C 기업 (중소기업)	D 기업 (중소기업)
자본 (토지)	자본 (토지)	자본 (토지)	자본 (토지)
기술	기술	기술	기술
노동	노동	노동	노동

무차별적 지원

능하다. 2016년 R&D 예산은 19.1조 원으로 2006년 8.9조 원에 비해 2배 이상 증가했지만 여전히 성과가 미흡하고 비효율적이다. 정부 R&D는 민간이 투자하기 어려운 부문에 집중하고 나눠먹기식 배분 행태를 근절하는 방식으로 효율화해야 한다.

③ 석탄발전 과세 강화(연평균 1.2조 원)

앞으로의 경제정책 방향은 '지속 가능한 경제성장'을 목표로 해야 한다. 이것은 또한 친환경적인 성장을 의미한다. 특히 최근 문제가 되고 있는 미세먼지를 줄이기 위해서는 미세먼지의 주요 원인인 석탄화력발전의 원료, 유연탄에 대한 개별소비세를 인상하는 방안을 검토해야 한다.

석탄화력발전소는 미세먼지 배출량이 높은 대기오염의 주범 중 하나다. 하지만 우리나라의 에너지 세제는 에너지의 효율적 소비, 환경비용 등을 면밀히 고려하지 않은 채 수송용 유류에만 편중되어 있다. 발전의 주원료인 유연탄 등에는 매우 낮은 수준의 세금을 부과하다 보니 1, 2차 에너지원 간 가격 역전이 일어나 에너지 수요가 전기에 집중되는 부작용이 일어나고 있다.

발전용 유연탄에 부과되는 개소세를 현행 킬로그램 당 33원에서 47원으로 14원 인상하면 연평균 1.2조 원의 재원을 확보할 수 있다. 영국, 오스트리아, 핀란드, 터키 등 유럽의 주요 나라들은 이미 다양한 수준의 과세를 하고 있다.

석탄발전에 대해 과세를 강화할 경우 전기요금 인상에 따른 국민 부담 가중으로 반발이 예상되지만, 국민 건강과 삶의 질에 미치는 영향을 감안하여 적극적인 설득과 우회 지원을 병행한다면 동의를 구할 수 있을 것이다. 2015년 한국환경정책평가연구원이 실시한 국민환경의식 조사에 따르면, 정부가 우선적으로 신경써야 할 분야로 '실업'(1위 67.5%), '물가'(2위 56.5%)에 이어 '환경/오염'(3위 43.1%)이 3위를 차지하고 있다.

④ 공기업 지분 매각(2019년 27조 원 조성)

국민생활 안정을 위한 재정 지출 증가에 대응하기 위해 공기업 지분 매각 방안을 검토해야 한다. 특히 공공임대주택 건설을 위해 일시적으로 비용이 급증하기 때문에 일회성 재원 조달 방안이 필요하다. 공공임대주택에 대한 투자가 급증하는 2019년에 비상장 공기업의 지분을 일부 매각하여 27조 원을 재원으로 활용할 수 있다. 한국광물자원공사, 한국도로공사, 한국석유공사, 한국수자원공사, 한국철도공사, 한국토지주택공사 등 6개 비상장 공기업의 지분 매각이 가능하다. 규모가 큰 한국전력공사와 한국가스공사는 기간산업으로서의 중요성, 정부 지분이 51.1%와 51.8%로 대주주 지위 유지를 위한 최소 지분 수준(51.0%)이기 때문에 매가 대상에서 제외한다.

비상장 공기업의 지분 매각 시 정부가 51%의 지분은 유지해 대주주의 지위를 유지하는 방식으로 부분 매각을 추진한다. 비상장 공기업의 매각 가치는 총자산에서 부채를 차감한 순자산가치로 산정할 수 있는데 과거 사례를 보면 순자산가치의 65% 정도로 추정된다. 6개 공기업의 순자산가치는 85조 원이며 이 중 49%인 41.6조 원의 65%는 27조 원이다. 공기업의 성공적인 지분 매각을 위해서는 정부 차원의 해외 로드쇼 등 적극적인 마케팅은 물론 투자자의 수익률을 제고하기 위한 노력과 함께 노조 등 이해 관계자 설득 노력을 병행해야 한다. 투자자가 추천한 전문가를 이사회에 영입하는 등 공기업의 혁신 노력을 약속하여 실적 개선에 대한 기대감을 높이는 것이 중요하다. 일본 JR철도는 1986년 경상적자가 1.4조 엔이었으나 1987년 부분 민영화 이후 경영이 크게 개선되어 2004년 경상이익이 5000억 엔까지 증가했다. 수백 개의 기업을 거느리고 있는 산업은행도 민영화해야 하지만 여기서는 생략하겠다. 민간 주도의 자유로운 시장경제 체제를 위한 중요한 대책 중의 하나이기에 국민생활 향상을 위한 재원 대책에서는 제외하겠다.

⑤ 사회 투명성 확보를 위한 과세 강화

우리는 세금의 역할에 대하여 국가의 재원 확보와 징세 과정의 공정성 측면을 강조하다 보니, 사회 투명성 확보 측면을 간과하기 쉽다. 사회의 부조리와 부정부패는 모두 투명성 부족에서 비롯한다. 종교인에 대한 과세와 미술품 거래에 대한 과세는 사회의 투명성 확보를 위해 필요한 것이다. 과세를 한다는 것은 들여다본다는 뜻이다. 들여다볼 수가 있어야 투명해지는 것이다. 최순실 사건도 애초에 최태민이라는 종교인에 대해 과세를 할 수 없었기에 더욱 악화되었다고도 말할 수 있다. 지금도 우리 사회에서는 여러 사이비종교, 유사종교가 발호하고 있다. 세금제도와도 관련이 있다. 미술품 거래에 대한 과세

구 분		2018년	2019년	2020년	2021년	2022년	합계
제1안	실업대책 소요재원	16.7	26.7	37.8	27.8	16.2	125.2
	조달 가능 재원	17.5	24.6	26.6	27.6	29.1	125.4
	소요 재원 - 조달 가능 재원	0.8	△2.1	△11.2	△0.2	12.9	0.2
제2안	추가 소요 재원 — 주거 (공공임대주택)	9.1	58.6	15.4	13.4	13.4	110.0
	교육	3.1	3.4	4.3	3.9	3.8	18.5
	(반값등록금)	3.1	3.1	2.9	2.7	2.6	14.4
	(고교 무상교육)	0.1	0.3	1.4	1.2	1.2	4.1
	보육 (아동수당)	8.0	8.0	8.0	7.7	7.6	39.3
	소계	20.2	69.9	27.8	25.0	24.8	162.8
	조달 가능 재원 — 부가가치세율 인상	15.2	8.8	24.0	25.0	34.1	107.0
	R&D 예산 구조조정	5.6	5.6	5.6	5.6	5.6	28.0
	석탄발전 과세 강화	1.2	1.2	1.2	1.1	1.1	5.8
	공기업 지분 매각	-	27.0	-	-	-	-
	소계	22.0	42.6	30.8	31.7	40.8	167.8
소요 재원–조달 가능 재원		1.8	△27.3	3.0	6.7	16.0	
누계		1.8	△25.5	△22.5	△15.8	0.2	
한은 국고채 발행		-	27.3	-	-	-	

노동자 쪽 노동의 자유를 위한 재원 조달 방안[34]

---

34 2019년에는 일시적인 적자재정(△27.3조 원)이 불가피해 필요 시 적자 보전을 위해 국채를 발행한다. 제1안은 '기업가 쪽 노동의 자유를 위한 재원 조달 방안'(114쪽 표 참조)을 가리킨다.

도 증여와 상속의 투명성을 위한 필수조건이다.

경제 수준에 비하여 우리나라같이 투명성이 부족한 나라
도 없다. 식당도 상류층이 가는 곳은 모조리 '룸식당'이다. 무
슨 비밀 이야기와 비밀 만남이 그렇게 많이 필요한지 모르겠
다. 타인을 믿지 못해서 그럴 것이다. 프랜시스 후쿠야마가
《트러스트》에서 말한 폐쇄적 '저신뢰사회'의 전형이다. 이래
서는 선진국이 되는 데 필수적인 내면적 조건인 사회적 자본
의 형성은 요원하다.

4

토지의 자유
수도권과 비수도권의 이익 공유

또 한 번의 토지개혁

미국의 '위대한 대법관' 윌리엄 더글라스는 1952년 말레이시아, 필리핀, 베트남, 미얀마, 타이완 그리고 한국을 차례차례 방문하고 《말레이시아 북쪽》을 출간했다. 이 책의 마지막 3개 장은 한국 방문 기록이다. 더글라스는 여기서 1950년에 단행된 우리나라의 농지개혁이 미국의 영향임을 강조한다.[35] 남재희는 다음과 같이 증언했다. "일본을 점령하고 남한에 진주하면서 뉴딜러(루스벨트 대통령의 뉴딜 정책 추종자)들이 함께 왔다. 일본의 농지개혁도 우리와 같은 방식으로 이루어

35 안경환,《윌리엄 더글라스 평전》, 2016

졌다. 뉴딜러들은 일본의 재벌을 해체했고, 이어 노동조합을 육성했다. 마지막으로 농지개혁을 했다. 요컨대 한국의 농지개혁은 뉴딜러들의 프레임에 따라 집행된 것이다. 이승만은 토지개혁에 관련된 미국의 방침을 잘 알고 있었다.[36] 더글라스의 뜻을 잘 알고 있던 이승만은 한국을 방문한 더글라스에게 "농지개혁이 성공함으로써 이제야 비로소 진정한 의미의 민주주의 토대가 마련되었습니다."라고 자랑했다.

　동기가 무엇이든 우리나라의 농지개혁은 1960년부터 시작된 경제발전의 기폭제 역할을 했다. 우리나라의 농지개혁은 우리 국민들에게 계급의 사슬을 끊어내고 상향 이동을 할 수 있는 기회를 제공했다. 농지개혁 이전의 소작농은 자식 한 명도 공부시킬 방법이 없었다. 자포자기와 체념뿐이었다. 농지개혁 이후의 소작농은 처지가 달라졌다. 많은 자식 중 한 명 정도는 고등교육을 시킬 수 있었다. 고등교육을 받은 자식은 도시에서 직장을 구하고 못 배운 형제들을 건사할 수 있었다. 개천에서 용이 날 수 있었다. 교육의 기회가 성공의 기회로 연결되었다. 소위 불균형 성장론이다. 주변에서는 너도나도 따라 했다.

　제2차 세계대전 후 식민지 국가에서 벗어난 국가이거나

---

36 《신동아》, '원로 언론인·정치인 남재희가 본 대통령들', 2015. 1.

후진국 중에서 경제발전에 성공한 국가의 공통점은 농지개혁
이다. 농지개혁은 단순한 부의 분배가 아니다. 상향 이동의 모
티브를 제공하는 것이다. 가난에서 탈출하는 바탕이 되는 것
이다. 농지개혁을 시행하지 못한 나라는 대부분 아직도 소수
의 패밀리가 전 국토를 분할하고 있다. 정부도 이들 패밀리가
장악하여 통치한다. 이런 국가에서는 일반 국민들의 상향 이
동이 불가능하다. 엄청난 장벽을 넘을 수가 없기 때문이다. 어
쨌든 우리나라의 농지개혁은 성공했다. 상향 이동 가능성과
기회를 제공한 것이다. 상향 이동 욕망은 세계 초유의 경제발
전을 이룩했다. 그러한 상향 이동 사다리가 이제는 사라지고
있다. 이제 또 한 번의 토지개혁이 필요하다. 이번의 토지개혁
은 토지를 강제로 배분해주는 개혁이 아니다. 엄청난 규모로
신규 토지를 공급함으로써 기존의 토지 소유자의 독점적 이
윤을 다 같이 나눠가져야 한다. 국가 발전의 에너지로 폭발할
것이다.

인색한 토지 공급 정책

우리나라에서 투자 활성화의 최대 걸림돌은 높은 토지가
격이다. 기업가의 자유로운 생산요소 결합을 방해하는 대표

적 요소다. 동시에 빈부 격차, 소득 격차를 확대시키는 최대의 원흉도 고지가다. 가로수길, 삼청동 등의 사례에서 보는 바와 같이 세입자들이 열심히 상권을 개발해서 지가를 올려놓으면 그것이 영업권으로 일한 사람의 몫이 되는 것이 아니라 부동산 소유주의 자본이득capital gain이 된다. 한국에서 가장 정당화될 수 없는 부가 땅부자들의 공짜 '부동산 이익'이다. 부동산의 비정상적 이익 추구는 단지 형평성의 문제가 아니다.

우리나라에서 투자의 걸림돌은 고임금, 고이자 그리고 고지가였다. 임금을 높이는 것이 경제정책의 궁극적 목표이기 때문에 이것을 낮추자고 할 수는 없는 일이다. 이자는 선진국에 비하면 아직 높지만 충분히 낮아졌다. 우리가 해야 할 일은 토지 공급을 늘리고 지가를 떨어뜨리는 일이다.

지가를 규제나 세금으로 떨어뜨리려고 해서는 안 된다. 노무현 정부는 부동산의 수요와 공급의 괴리로 인한 부동산 가격 상승을 종부세 등 수요를 억제해서 막아보려고 했지만 결국 성공하지 못했다. 특히 종부세는 세제상으로 보나 형평성으로 보나 타당성이 있는 정책이었지만, 국가 전체의 토지정책과 연계한 '패키지'로 접근하지 못했다. 노무현 정부는 임기 마지막 연도에야 비로소 공급 확대로 전환해서 부동산 가격 안정의 공을 이명박 정부가 거두게 했다. 노태우 정부의 200만 호 주택 건설이 그 다음 두 대통령이 집값 상승을 걱정하지 않게 해준 것과 마찬가지였다.

턱없이 높은 부동산 가격의 근본 원인은 인색한 토지 공급 정책에서 비롯한다. 우리나라는 원칙상 토지 이용을 금지하는 규제들 아래 있다. 모든 토지가 원칙적으로 사용 금지다. 농지, 임야, 자연보호, 문화재 보호, 군사시설 보호, 수도권 규제, 그린벨트 등 수많은 규제가 중첩되어 있어서 도시적 용도(공장과 집을 지을 수 있는 지역)로 사용할 수 있는 토지가 국토의 7.2%밖에 되지 않는다. 토지 이용 규제를 대폭 완화하는 것은 물론이고 국가·지자체가 토지를 확보해서 임대를 해줌으로써 투자를 유치하고 토지개발이익의 사유화를 원천 봉쇄하는 조치가 필요하다.

토지 공급 펀드를 만들어서 토지 이용 규제가 풀리지 않은 상태에서 토지를 국가와 지방자치단체가 매입하고, 일자리가 생기는 투자사업에 대해서는 토지나 부동산의 공급을 책임져주는 것이 필요하다. 개발이익이 생긴다면 국가나 지자체가 가져야 한다는 관점에서도 바람직하다. 헌법을 고쳐서 토지 사유를 금하는 것은 불가능하겠지만, 국공유 부동산을 많이 확보하여 투자 유치도 하고, 부동산 가격 앙등도 막고, 개발이익의 사유화를 제한하는 조처가 필요하다.

공업화 발전 시기에는 국가와 지자체가 공업단지를 만들어서 원활한 토지 공급을 책임져주었다. 일자리를 만드는 것은 이제 서비스 산업에 기대할 수밖에 없다는 것을 모두가 인정하는 지금, 서비스 산업에 대해서 공간을 확보해주는, 과거 공업단지 같은 지원을 왜 해주지 않는가? 사무실만 있으면 되고 땅을 필요로 하지 않는 많은 서비스 산업에 대해서는 국가와 지자체가 사무실을 많이 확보해서 임대료 상승을 견제해주어야 한다. 많은 영세 자영업자들을 고통스럽게 하는 지나친 임대료를 규제로 해결하려고만 해서는 안 된다. 규제나 세금은 얼마든지 전가되거나 회피된다.

수도권 규제는 투자 유치, 일자리 창출에 가장 치명적인 규제다. 수도권 규제 때문에 우리가 놓친 투자만 다 현실화되었더라면 엄청난 일자리가 만들어졌을 것이다. 노무현 대통령은 취임 초에 LG 필립스가 파주에 최신 디스플레이 공장을 짓고 싶고, 허용하지 않으면 중국으로 가겠다고 할 때 만난을 극복하고 이를 가능하게 해주었다. 그 후에 이 공장에 납품하는 중소기업, 이 공장들에 근무하는 종업원들을 위한 아파트 건설을 위해서도 계속 규제를 풀어주었다.

온 국민이 수도권에 있는 좋은 직장에 취직하고 싶어하는데 이미 수도권에 진입해 있는 사람들의 기득권은 인정을 하고 이제 더 이상 수도권에는 일자리를 만들지 못한다는 것이 과연 정의로운 일인가? 지방에만 투자를 허용한다고 고집해도 좋을 정도로 우리 경제가 한가로운 상황인가? 아무것도 바꾸지 않으면 아무것도 바뀌지 않는다. 지금까지의 규제를 바꾸지 않고는 투자가 이루어지고 일자리가 만들어지지 않는다. 그동안의 정부가 모두 다 일자리 만들기에 실패했던 이유다. 투자를 가로막은 다른 모든 규제도 문제지만, 토지를 구하기 어렵고, 쓸 수 있는 토지는 너무 비싸다는 것이 가장 근본적이고 보편적인 장애요인이다.[37]

우리는 4차 산업혁명 시대에 들어서고 있다. 오늘날 기업가들의 입장에서 보면, 신결합을 추진하면서 생산요소 취득을 검토할 때 국내에 한정하지 않는다. 토지든 자본이든 인력이든 마찬가지다. 이제 토지를 포함한 모든 생산요소의 결합은 전 세계를 상대해야 한다. 수도권이냐 비수도권이냐의 문제가 아니다. 국내냐 국외냐의 문제다. 이제는 수도권을 세계적인 대도시권으로 육성하여 국가경쟁력을 강화해야 한다. 세계적으로도 우수 인력 확보와 산·학·연 네트워크 조성이 유리한 대도시권이 국가경쟁력의 중심으로 대두되고 있다. 도시경쟁력이 국가경쟁력이라는 인식 아래 영국, 프랑스, 일본 등 주요 선진국들은 경쟁적으로 수도권 규제를 완화하거나 폐지 중에 있다.[38]

수도권 규제완화는 기업들의 해외 투자를 국내로 유턴시

---

37 박병원(한국경영자총협회 회장), '부동산 가격을 떨어뜨리자.'

킬 수 있다. 당연히 신규 일자리 창출도 기대 가능하다. 수도권 규제의 당초 목적인 지방투자에 따른 균형발전 대신 해외투자 또는 투자 포기 사례가 속출하고 있다. 수도권 규제완화 시 417개 기업, 총 67조 원 투자가 이루어져 14만 개의 신규 일자리 창출이 가능할 것으로 전망된다.

수도권 집중억제정책의 효과

수도권 집중을 억제하는 대책이 마냥 나쁜 것은 아니다. 수도권 집중억제정책은 1970~80년대 우리나라 고도성장기의 사회문제였던 수도권 인구·산업 집중 억제에 기여했다. 수도권으로의 인구 전입은 감소했고, 수도권·비수도권 간 1인당 지역내총생산GRDP 격차도 지속적으로 축소되어왔다. 그러나 지금은 고도성장기도 아니며, 제조업을 중심으로 하는 산업화 시대도 아니다. 지난 30여 년간 지속된 수도권 규제의 당위성 및 효용성은 점차 약화되고 있다. 수도권 규제 도입 시 기대했던 지방투자 확대 대신 해외투자 또는 투자를 아예 포

---

38 런던은 1970년대부터 공장 및 사무실 개발 허가제 등 핵심 수도권 규제를 폐지하고, 1990년대 들어 런던권 대규모 광역개발사업인 '런던 플랜'을 가동 중이다. 파리는 1980년대부터 수도권 집중억제정책을 성장정책으로 전환하면서 과밀부담금 공장 및 사무실 신축허가제 등 핵심 규제를 폐지했으며, 2007년부터 '르 그랑 파리Le Grand Paris' 프로젝트를 통해 파리 대도시화에 착수했다. 도쿄는 2002년 들어 '수도권 기성 시가지의 공장 등 제한법'과 '공업재배치촉진법'을 폐지하면서 수도권 지역의 공업 활성화를 적극 추진하고 있다.

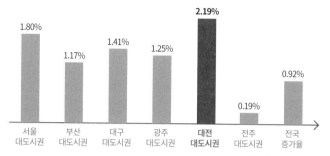

대도시권의 인구 증가율
자료: 국가통계포털(1980~2010)

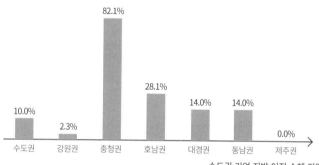

수도권 기업 지방 이전 수혜 지역
자료: 김태현 (2012)

기하는 사례가 속출하고 있다. 1998년도 4조 원대의 해외투자 규모는 2007년도에는 20조 원으로 4~5배 수준으로 증가했다. 그렇다고 지방의 균형적 발전에 기여한 것도 아니다. 수도권 규제에 따른 낙수효과는 수도권 경계에 위치한 대전 대도시 권에만 편중되었다.

양극단의 선택지로 내몰린 수도권 규제

우리나라는 수도권과 비수도권이 첨예한 지역 갈등을 전개하고 있다. 수도권 규제완화에 대해 비수도권 지역 지방자치단체와 정치권 등은 '선 균형발전, 후 규제완화'를 주장하며 반발하고 있다. 수도권 규제완화는 수도권으로의 집중이 완화되고 지방이 자생력을 어느 정도 확보한 상황에서 추진하는 것이 바람직하다는 입장이다. 수도권 규제를 운용해온 영국, 프랑스, 일본 등이 수도권 규제를 폐지·완화한 것은 수도권 집중억제 성과를 달성했기 때문이라고 주장한다. 우리나라는 30여 년간 수도권 규제를 운용해왔음에도 여전히 수도권 집중도가 높다는 것이 '선 균형발전, 후 규제완화' 주장의 근거다. 수도권이 차지하는 물리적 비중은 전체 국토 면적의 11.8%에 불과하지만, 경제 전반에서 차지하고 있는 집중도는 과반 이상이다. 총 인구의 49.3%가 수도권에 거주하고 있으며, 지역 총생산의 48.9%, 총 사업체의 50.6%, 서비스업 종사자의 53.3%, 금융 대출의 67.0%, 연구개발인력의 61.3%, 증시총액의 84.2%가 수도권에 집중해 있다. 수도권 과다 집중으로 수도권 규제는 비수도권이 사수해야 할 보루로 인식되어 있다. 이러한 지역 여론을 인식해 비수도권 지역 정치인들도 여야 할 것 없이 수도권 규제완화의 중단을 촉구하고 있

다.[39]

　일리 있는 주장이다. 균형발전은 수도권과 비수도권의 공정경쟁이 가능해야 달성할 수 있다. 현재 수도권에 대한 집중도는 비수도권의 경제발전에 장애가 되고 있다. 반면 수도권 집중은 기업 투자 측면에서는 집적으로 인한 효율성으로 작용하고 있다. 수도권 과밀에 따른 사회적 비용 증대로 국가경제에 상당한 부담으로 작용할 것이라는 비수도권의 주장이 실제 시장에서는 작동하지 않고 있는 것이다. 특히 수도권 규제완화 시 개발 여력이 충분한 수도권 내 저개발 낙후지역이 비수도권 개발지역보다 경쟁력이 우위인 상황이다. 수도권 저개발 지역은 수도권이라는 지리적 이점과 함께 수도권의 각종 산업·문화·생활 인프라 등을 활용할 수 있어 인재 확보, 물류 경쟁력 등에서 유리하다.[40]

　결과적으로 수도권과의 격차가 여전히 심각한 상황에서 섣부른 수도권 규제완화 추진에 찬성할 수 없다는 것이 비수도권의 입장이다. 수도권으로의 블랙홀 효과에 대한 제어장치 또는 비수도권을 위한 보호장치가 없는 상태에서 수도권

---

39 2015년 4월 지역균형발전협의체(14개 시도지사 협의체)는 14개 시도별 인구비례에 따라 수도권 규제완화 반대 1000만인 서명운동에 돌입했다

40 경기도 내 낙후지역인 이천시, 안성시, 여주군, 양평군, 파주시, 포천시, 연천군, 가평군의 평균 인구밀도는 제곱킬로미터당 225명로 부산 4643명, 대전 2849명, 대구 2860명보다 현저히 낮아 충분한 개발 여력이 있다.

규제완화의 추진은 지방경제의 황폐화를 초래할 것이라는 우려도 현실적으로 타당성이 있는 주장이다.

양극단의 아젠다로 설정된 논의 구조

이와 같이 수도권 규제 문제는 '국가경쟁력 강화'와 '지역 균형발전'이라는 양립할 수 없는 양극단의 아젠다로 설정된 논의 구조를 갖고 있다. 수도권과 비수도권은 수도권 규제완화 여부를 놓고 주요 쟁점들에 대해 아전인수식으로 해석하고 주장하고 있다. 의견 대립의 격화는 수도권 규제에 대해 논의 구조를 이율배반 식의 양극단의 선택지만 있는 것으로 만들어 합리적 논의 기회를 박탈하고 있다. 각 진영 소속 정치권 및 전문가들을 중심으로 확대 재생산되고 있는 이러한 견해차가 수도권 규제완화의 가장 큰 장애요인으로 작용하고 있다.

정책적 해법 모색이 아닌 정치적 선택을 요구하여 수도권과 비수도권 간 갈등을 초래하고 있다. 수도권은 수도권 규제를 생사가 걸린 정치적 파워게임으로 인식하고 있다.[41] 국회에서는 수도권 규제 완화나 강화를 목적으로 하는 개정안이 경쟁적으로 발의되고 있다.

사실 수도권 규제는 역대 정부에서 경제 활성화나 규제

---

41 "수도권 규제완화는 논리의 문제가 아닙니다. 결국 힘의 문제입니다."(김진선 전 강원도지사, 2007. 5. 1.)

주요 쟁점	수도권	비수도권
수도권 경쟁력 강화	• 동북아 대도시권 간 경쟁력 제고 • 규제완화를 통한 수도권 경쟁력 강화 • 주요 선진국의 수도권 규제 폐지	• 대도시권이 아니어도 세계도시 가능 • 과밀에 따른 비용 증가로 경쟁력 약화 • 선진국은 균형발전 후 폐지
수도권의 계획적 관리	• 성장억제보다 성장관리 차원에서 계획적 관리를 이해	• 과도한 집중을 억제하기 위한 수단으로 계획적 관리를 이해
공급 확대를 통한 수요 충족	• 주택, 산단 등 각종 개발수요에 맞춘 공급 확대 정책 필요	• 수도권 수요는 개발수요가 아닌 자본이익을 위한 투기수요
토지 공급 확대를 통한 토지가격 안정	• 수도권의 높은 지가는 각종 규제로 인한 가용토지의 공급 부족이 원인	• 규제완화 시 가용토지 공급 확대 외에 투기수요가 창출되어 효과 불투명
수도권 규제 유지 여부	• 집중억제 효과가 미흡하기 때문에 완화(또는 폐지) 필요	• 수도권 집중도가 여전히 높기 때문에 유지(또는 강화) 필요

수도권 규제의 주요 쟁점에 대한 수도권과 비수도권의 의견 차이

개혁 차원에서 지속적으로 완화되어왔다. 1990년대 들어 기업의 투자나 대형 국책사업 등의 원활한 추진을 위해 수도권 규제완화가 점진적으로 추진되었다. 김영삼 정부에서는 대형 건축물에 대한 입지 제한을 과밀부담금 부과로 허용하고, 공

장·대학에 대한 개별 입지 규제를 총량 규제로 전환했다. 김대중 정부에서는 영종도 및 송도 매립지를 과밀억제권역에서 성장관리권역으로 변경, 벤처기업을 인구집중 유발시설에서 제외했다.

'선 균형발전, 후 규제완화'를 국토 발전의 원칙으로 삼은 참여정부에서도 규제 개혁의 명분으로 수도권 규제완화를 추진했다. 수도권 공장 총량 설정주기를 연장(1년→3년)하고, 3년치 총량 범위에서 공장 설립을 허용할 수 있도록 융통성을 확대했다. 도시재정비사업 촉진을 위해 서울시 안에서의 대학 이전 허용 및 정원 감축을 전제로 수도권 내 전문대학과 지방대학 통합도 허용했다. 2003년 취임 100일 기자회견에서 노무현 전 대통령은 "규제의 실효성도 없으면서 지방 발전에도 도움이 안 되거나 다른 집단에 피해가 되지 않는다면 수도권에서 규제를 일부 풀 수 있다."라며 수도권 규제완화가 곧 균형발전 정책을 위배하는 것은 아니라는 입장을 밝히기도 했다.

이명박 정부에서는 경제 활성화와 규제 개혁의 명분으로 가장 적극적인 수도권 규제완화를 추진했다. 성장관리권역과 과밀억제권역의 산업단지 내에서는 규모나 업종 제한 없이 공장 신·증설 및 이전을 허용하고 산업단지 외에서는 증설 범위를 확대했다. 오염총량제 시행 지역에서 환경 규제를 총량제 배출 규제로 전환하고, 자연보전권역 내 공장 건축면적 산정 시 창고사무실을 제외했다.

이러한 완화는 원래 하고자 했던 완화의 일부분에 불과하다. 수도권 규제를 완화하려고 할 때마다 비수도권은 반대 활동을 전개하여 수도권 규제완화를 막아냈다. 김영삼 정부 당시 수도권 내 대규모 공단 및 관광지 개발사업 허용을 추진 했으나 수도권 집중을 반대하는 여론에 밀려 철회했다. 외환 위기 극복이 시급했던 김대중 정부에서는 외국기업과 대기업 등의 수도권 공장 설립 요건 완화를 추진했으나 비수도권이 강력히 반발했다. 균형발전을 강조한 노무현 정부에서도 세종시·혁신도시 추진과 병행해 수도권 규제완화를 추진하자 영호남 시도지사들과 NGO 등이 반대했다. 이명박 정부 들어 추진한 수도권 공장 신·증설 규제완화 방침 등에 대해서도 비수도권 지자체와 시민단체들이 연대를 결성해 조직적으로 반대했다.

발전의 문제냐 생존의 문제냐

우리는 수도권 규제 문제를 좀 더 냉정하게 바라볼 필요가 있다. 현재의 구조상, 수도권 규제완화로 발생하는 각종 경제적 효과들이 비수도권 지역으로 확산되는 낙수효과는 발생하지 않을 것이다. 오히려 수도권의 자립자족형 경제구조와 비수도권의 수도권 의존 교역형 경제구조가 더욱 고착될 것이다. 이러한 구조에서 비수도권 지역경제를 책임지고 있는 정치권이나 전문가 집단이 수도권 규제완화를 수용하는 것은 현실적으로 불가능하다. 수도권 규제완화를 '발전의 문제'로 여기는 수도권과 달리 '생존의 문제'로 인식하는 비수도권으로서는 수용이 불가능하다.

결국 정책적 합의보다 정치적 결단을 요구하는 수도권 규제의 프레임은, 서로 다른 상대를 경쟁 대상으로 설정하는 비대칭 구조에서 비롯했음을 우리는 직시할 필요가 있다. 수도권은 경쟁관계에 있는 해외 대도시권을, 비수도권은 경제력이 집중되어 있는 수도권을 각각의 경쟁 상대로 설정하고 있다. 국내외 기업들의 투자 유치에서 경쟁 대도시권보다 우위를 선점해야 하는 수도권의 입장에서 수도권 규제완화는 필수 선결조건이다. 반면 수도권과의 공정경쟁이 절실한 비수도권에게 수도권 규제는 유지되거나 강화되어야 하는 보루다. 비수도권 입장에서는 생존이 걸린 문제가 결과적으로 수도권의 뒷다리를 잡는 격이 되는 것이 수도권 규제를 둘러싼 논의 구조의 특징이다. 비수도권은 수도권 규제완화가 균형발전을 저해할 뿐 아니라 국가경쟁력 강화로도 연결되지 않는다고 주장한다.

'비수도권 → 수도권 → 해외 경쟁 대도시권'으로 이어지

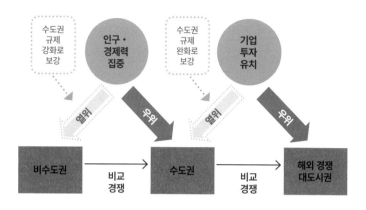

는 비대칭 구조가 수도권 규제의 효과와 부작용을 아전인수 식으로 해석하게 만드는 원인이 되고 있다. 이것이 바로 수도 권 규제에 얽혀 있는 구조적 특징이다.

수도권 규제완화에 의한 이익 공유

현행 체계하에서는 수도권 규제완화로 인한 '기업 투자 유치 및 조세수입 증대' 이익의 전부를 수도권 지자체가 독점 하고 있다. 이러한 독점구조하에서 비수도권의 수도권 규제 완화 찬성은 현실적으로 불가능한 일이다. 수도권은 '기업 투 자 유치', 비수도권은 '세입 확보'로 구분해 비수도권의 수도 권 규제완화 찬성 명분과 동기를 제공해야 한다. 비수도권은 '수도권 규제 → 비수도권 기업 유치 → 세입 증대 → 지역발

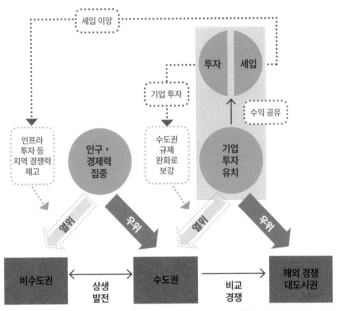

수도권 규제완화의 이익독점 구조 개선

전' 식의 반사이익 기대를 버려야 한다. 현실적으로 작동하는 지역은 대전 대도시뿐이다. '수도권 규제 → 투자 보류 또는 해외 이전'으로 이어지는 현실을 직시해야 한다. '수도권 규제 완화 → 기업 투자 → 세입 확보(이양) → 지역발전' 식으로 전환해야 한다.

수도권 규제의 해법은 수도권 규제가 갖고 있는 비대칭 구조의 해소에서 시작해야 한다. 먼저 균형발전이 완료될 때까지 수도권 규제완화를 보류해야 한다는 '선 균형발전, 후 규제완화'의 조건부식 논의 구조를 극복해야 한다. 균형발전을 수도권 규제완화의 전제조건으로 설정하는 현재의 논의 구조를, 균형발전과 규제완화를 동시에 추구하는 구조로 재편해야 한다. 특히 비수도권은 수도권과의 공정경쟁의 명분보다 지역발전에 실질적 도움이 되는 수단으로 수도권 규제 문제에 접근해야 한다. 균형발전이라는 것 자체가 추상적일 뿐아니라 한 국가와 국민이 용인할 수 있는 지역 격차의 정도를 설정한다는 것도 사실상 불가능한 일이다.

균형발전이 실제 실현 가능한 정책적 목표가 될 수 있는지에 대한 객관적 검토가 필요하다. 국토의 균형발전은 이성적인 정책 목표가 될 수 없다. 국가 내의 균형발전은 폐쇄경제에서는 어느 정도 가능했지만 개방경제에서는 실현 가능성이 매우 낮아 영국, 프랑스 등에서도 오래전에 포기한 개념이다. 수도권 또한 비수도권의 발전 욕망에 대해 열린 마음으로 접근해야 한다. 자기 지역의 발전을 도모하는 것을 폄하하거나 부정하는 인식은 합리적 논의 기회를 박탈하는 것이다. 국토 면적의 11%에 불과한 수도권에 과반 이상의 인구와 경제력이 집중함에 따라 발생하는 문제점들을 인정하고, 비수도권의 발전을 위해 전향적으로 접근할 필요가 있다.

수도권과 비수도권의 이익 공유 방법

우리는 이제 수도권과 비수도권 간 정치적 대립을 지양하고 수도권과 비수도권이 모두 이익을 공유win-win할 수 있는 전략을 마련해야 한다. 수도권 규제완화에서 생기는 이익을 나누어야 한다. 수도권이 이익을 독점하는 현재의 구조를 개선해서 비수도권에게 규제완화에 대한 찬성 명분을 제공해야 한다. 이를 위해서는 다음의 3가지를 패키지로 추진해야 할 것이다.

첫째, 특별기금을 설치한다. 기업 투자로 인해 발생하는 신규 세입원을 비수도권으로 이양하여 비수도권의 투자환경을 개선한다.

둘째, 고향후원금 공제제도를 도입. 지방재정 자립도를 높이기 위하여 개인소득세나 법인소득세의 일정 부분을 납세자가 지정하는 지방자치단체에 납부하는 것이다.

셋째, 관련 법령을 정비한다. 현행 수도권정비계획법을 폐지하고, 수도권계획관리법 등 대체 법안을 제정하고 관련 규제를 완화해야 한다.

(1) 특별기금 설치

수도권 규제의 합리적 개선을 위해서는 수도권 집중억제

의 반사이익이 비수도권으로 흘러간다는 인식부터 바꿀 필요가 있다. 수도권 규제로 인해 신규 투자가 여의치 않을 경우 기업은 비수도권에 투자하기보다는 해외로 투자처를 이전하거나 투자계획을 포기한다. 기업들의 이러한 비수도권 투자 회피 현상은 수도권에 비해 상대적으로 부실한 인프라 여건 때문이다. 도로, 철도, 공항의 경우 각각 수도권의 1/3, 1/8, 1/14 수준으로 비수도권에 대한 공공투자가 상대적으로 부진하다. 비수도권은 존재하지도 않는 수도권 규제의 반사이익 대신 투자재원을 확보하는 방향으로 발전전략을 전환할 필요가 있다. 수도권 규제가 갖는 막연한 반사이익에 집착하는 대신 인프라 개선을 위한 투자재원 확충으로 발전전략을 과감히 수정해야 한다.

수도권 규제는 서울의 집중도를 광역수도권으로 확산시키는 역할을 했을 뿐 비수도권으로까지 분산시키는 성과는 미흡했다. 수도권 공장의 지방 이전은 수도권 규제 외에도 다른 경제적 요인(지가 급등, 인력 채용, 산업구조 변화 등)이 복합적으로 작용하기 때문에 수도권 규제가 공장의 지방 이전에 얼마나 기여했는지 분석하는 것은 사실상 불가능하다. 이제 수도권 규제의 낙수효과나 균형발전이 미흡하다는 점을 인정하고 실제 비수도권의 인프라 투자재원 확충에 도움이 되는 방향을 모색할 때가 되었다.

비수도권은 재정구조가 취약하기 때문에 수도권과 경쟁할 수 있는 투자환경을 구축하는 것이 사실상 불가능하다. 수도권 규제를 통한 반사이익을 '선 지방 육성'이라 여긴 지난 30여 년간의 균형발전 전략을 이제라도 수정해야 한다. 비수도권의 인프라 환경 개선을 위한 충분한 재정 확보를 공정경쟁의 핵심으로 수정하고 수도권 규제완화를 전략적으로 활용해야 한다.

수도권은 비수도권이 수도권 규제완화를 찬성할 수 있도록 하는 정책 대안을 제시할 필요가 있다. 수도권 규제완화의 효과는 크게 기업투자 유치와 이에 따른 신규 세입으로 구분할 수 있는데, 현재의 논의 구조에서는 수도권이 모두 독점하고 있다. 기업투자에 따른 물리적 발전 외에도 각종 조세수입을 수도권 지자체가 모두 향유한다. 수도권 규제완화의 경제적 효과를 수도권이 모두 향유하는 한 수도권 규제완화의 실질적 주체인 비수도권이 동의할 리 만무하다. 수도권 규제완화에 찬성할 수 있는 비수도권의 정치적 명분 외에도 구체적 정책 수혜를 제시할 필요가 있다.

여러 가지 정책 대안이 있을 수 있지만 수도권이 투자 유치를 위해 조세수입을 비수도권에 이양하는 것이 가장 현실적인 방안이다. '수혜자부담원칙'을 적용해 신규 세입을 비수도권으로 이양하는 방안을 추진해야 한다. 수도권 규제완화

구분	지역발전 특별회계	지역상생발전기금	수도권규제완화특별기금
근거	국가균형발전특별법	지방자치법	지방자치법
목적	지역특화발전 및 광역경제권 지원	지역상생발전 및 지방소비세 조기 정착	수도권 규제완화에 따른 비수도권 지원
운용 주체	기획재정부	17개 시·도 조합	12개 시·도 조합
재원	중앙정부 예산편성	예치금, 출연금, 지방채 수입 외에 수도권 지자체 출연금	수도권 규제완화 이후 국세 및 지방세, 각종 부담금

기존 정책과 수도권규제완화특별기금의 비교

의 수혜자인 수도권이 비수도권의 피해를 부담하는 차원에서 경제적 혜택의 일부를 제공하는 것이다. 비수도권의 규제완화 찬성 결정으로 수도권이 혜택을 입기 때문에 수혜자부담 원칙을 적용해 경제적 수혜 중 일부를 비수도권으로 귀속시키자는 것이다.

물리적 행위인 기업투자를 비수도권으로 이전하는 것은 불가능하기 때문에 수도권 규제완화에 따른 신규 세입을 이전하자는 것이다. 신규 세입을 비수도권으로 이양해 수도권 규제완화에 대한 비수도권의 찬성 동기를 확보해야 한다. 또한 비수도권이 이를 재원으로 삼아 인프라를 개선해나가면 향후 균형발전과 공정경쟁의 토대를 구축할 수 있다. 투자 시점에서 발생하는 취득세, 등록세, 관세(설비 수입) 등과 투자

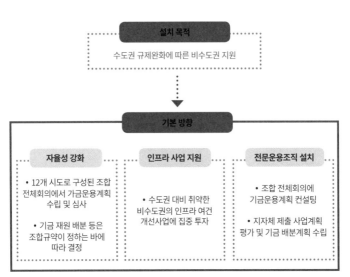

설치 목적

수도권 규제완화에 따른 비수도권 지원

기본 방향

자율성 강화
- 12개 시도로 구성된 조합 전체회의에서 가금운용계획 수립 및 심사
- 기금 재원 배분 등은 조합규약이 정하는 바에 따라 결정

인프라 사업 지원
- 수도권 대비 취약한 비수도권의 인프라 여건 개선사업에 집중 투자

전문운용조직 설치
- 조합 전체회의에 기금운용계획 컨설팅
- 지자체 제출 사업계획 평가 및 기금 배분계획 수립

수도권규제완화특별기금의 주요 내용

이후 시점부터 부과하는 법인세, 재산세, 법인지방소득세, 농어촌특별세, 광역교통시설부담금, 기반시설부담금 등이 대상이다. 수익 이전 방법은 현행 지역발전 특별회계와 같은 예산 형식보다 지역상생발전기금과 같은 기금 형태로 추진하는 것이 바람직하다.

기금은 수도권 규제완화가 완료된 시점부터 기업의 투자 검토와 착수, 비수도권으로의 수익 이전 기간 등을 고려해 15년간 한시적으로 운영해야 한다. 정책자금은 복지제도처럼 하방 경직성을 가지기 때문에 한번 수립되면 쉽게 폐지할 수 없다. 도입 초기에 한시 운용 조건이 절대적으로 필요하다.

수도권규제완화특별기금은 비수도권 이전 기업을 대상으로 지원하고 있는 각종 지원정책과 달리 기업 유치 환경개선사업에 한해 사용해야 할 것이다. 현재 수도권 기업의 비수도권 이전 유치를 위해 정부는 물론 비수도권 지자체 별로 다양한 지원정책을 추진 중이지만, 이러한 지원정책 대부분은 개별 기업 단위에 직접 제공되는 것으로 비수도권의 전반적인 투자환경 개선에는 한계가 있다. 인력 확보 및 인프라 같은 투자환경 전반에 대한 추가 대책이 필요하다.

(2) 고향후원금 공제제도 도입

완전한 의미의 지방자치를 실현하기 위해서는 지방자치단체장을 지역주민이 선출하는 것과 함께 지방재정의 자립이 절대적으로 필요하다. 물론 우리나라는 지방재정 자립도 문제를 차치하더라도 진정한 의미의 '지방정부'는 아니다. '행정적 차원에서의 지방자치'만 1995년 6월 자치단체장 선거를 통해 재도입된 후 20년 간 시행해오고 있는 상황이다. 명실공히 '지방정부'가 되려면 경찰권과 교육권도 소관 업무에 포함되어야 한다. 정치적인 이유로 지역주민의 대표적 관심사인 교육과 안전이 무시되고 있는 현실이다. 이 문제까지 여기에서 언급하기에는 논의 구조가 너무 넓어지기 때문에 여기서는 재정 문제만 언급하겠다.

재정 면에서도 지역주민의 세금으로 지방자치단체가 운영될 때 비로소 민선 자치단체장의 책임행정이 가능해진다. 지방자치단체가 재정적으로 중앙정부에 의존할 경우 자치단체장이 지역주민보다 중앙정부의 눈치를 더 보게 될 소지가 많다. 자치단체의 사업 확대나 재정 건전성 개선 등의 목표 설정에 따라 재정을 탄력적으로 운용하는 재량권 확보도 자치행정에서 중요한 사항이다. 각 자치단체의 상황이나 지역주민의 합의에 따라 지방세수를 조절할 수 있도록 하는 것이 효율적이다. 지방세수 확보 및 지방재정 지출에 관해 지방의회가 의결하고 자치단체가 이를 집행하는 견제와 균형의 정립이 자치행정의 관건이다.

갈수록 낮아지고 있는 지방재정 자립도

우리나라 지방재정의 전반적 자립도는 악화 추세에 있다. 1990년대 후반 60%를 상회하던 지방재정 자립도(전국 평균)가 최근 50%까지 하락하며 중앙정부에 대한 의존이 심화되고 있다.[42]

중앙·지방 간 수직적 재정 불균형뿐 아니라 지역 간 재

---

42 지방재정 자립도(전국 평균): 63%('97) → 59.4%('00) → 56.2%('05) → 52.2%('10) → 50.3%('14)
지방재정 자립도=(지방세+세외수입)/자치단체 예산규모×100%

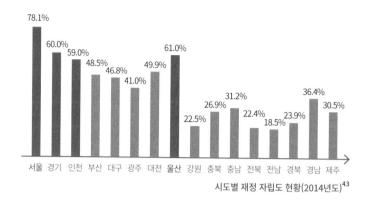

시도별 재정 자립도 현황(2014년도)[43]

정 격차, 즉 수평적 불균형도 심각한 상황이다. 전국 244개의 지방자치단체 중 2014년 재정 자립도가 10% 미만인 곳이 9개나 되며 70% 이상인 곳은 3개에 불과하다. 10~30% 구간에 가장 많은 자치단체(149개)가 몰려 있으며 244개 단체 중 220개의 자립도가 50% 미만인 실정이다.

더 심각한 문제는 지방교부세의 중요성이 점차 커져가고 있는 상황에서 지방재정 자립도를 높이기 위한 구조적 개선 방안이 강구되지 않고 있다는 점이다. 수도권의 지방재정 자립도가 상대적으로 양호하고 비수도권의 자립도가 열악한 상황이 지속되고 있다. 중앙정부의 결정에 따라 지방재정 지출이 이루어지는 경우가 많고 지방세수에 대한 지방의회의 결

---

43 출처: 행정자치부, 〈2015년도 지방자치단체 통합재정 개요〉

정권은 미약한 실정이다. 뿐만 아니라 무상보육 등 교육 및 복지와 관련한 지출이 국회 의결에 따라 지방정부에 일방적으로 부과되는 경우가 늘고 있는 추세다.

전체 인구의 절반이 수도권에 거주하는 상황에서 거주지를 기반으로 한 지방소득세 제도를 고수할 경우 비수도권의 지방재정 자립도 개선은 요원하다. 지방재정의 자립도 강화 및 자율성 제고를 위한 혁신적 대책을 추진해야 한다. 주민이 원하는 곳에 지방소득세를 더 납부할 수 있는 방안을 도입하고 지방의회와 자치단체의 재정적 자율성도 제고하여 책임행정의 기틀을 마련해야 한다.

① 고향후원금 공제제도 도입

국세로 거둬들이는 개인소득세나 법인소득세의 공제 가능 항목으로 고향후원금 또는 지역기부금을 신설해야 한다. 수도권에 집중된 인구로 인해 비수도권에서 만성적 지방세수 부족이 발생하는 구조적 문제를 개선하자는 취지다. 현존하는 정치후원금이나 장학금, 기부금 등과 같은 방식으로 세액공제 및 소득공제 혜택을 제공하는 것이다. 그렇지만 세수 흐름의 안정성 유지를 위해 현 제도하에서 납부하는 지방소득세액에 비해 지나치게 큰 액수의 고향후원금이 발생하는 것을 억제하기 위해 어느 정도의 제한은 필요할 것이다. 예를 들면, 납부해야 할 지방소득세액의 일정 수준(예를 들어, 30%) 한도에서 국세를 세액공제하고, 그 이상의 후원금에 대해서도 과세표준 소득액의 일정 수준(예를 들어, 30%) 한도에서 소득공제를 허용하는 방안을 검토해야 한다.

일본의 고향납세 제도와는 차이가 있다.[44] 지방세에서 고향납세분을 공제해주는 일본의 방식에 비해 국세에서 공제하는 경우 과세의 수직적 형평성을 제고하고, 지방정부 간 갈등 방지 등의 장점이 있다. 고향후원금을 국세에서 세액공제할 경우 지방세의 세원이 증대되며 일률적 지방교부금을 줄일 수 있는 장점이 생긴다. 국세로 일단 걷어서 지방에 다시 나눠주는 방식에 비해 납세자가 스스로 지정한 곳으로 세수가 직접 흘러갈 수 있어 효율적이다. 고향후원금 공제 허용 시 지방자치단체 간 세수 증대를 위한 건전한 경쟁이 가능해진다. '고향의 발전'을 내세워 자치단체의 사업이나 지역주민 복지 증대를 홍보할 수 있고, 기부금 형식이므로 조세 저항도 상대적으로 낮을 것으로 예상된다. 다른 자치단체 세수에 직접적 영향이 없어 자치단체 간 갈등 발생 가능성도 미미하다.

---

44 일본의 후루사토故鄉 납세는 고향 납세분을 지방세에서 공제하므로 지방정부 간 제로섬zero-sum 게임의 성격이며 공제율에도 한계가 있다.

② 지방의회에 지방소득세율에 대한 실질적 결정권 부여

국세 납부액의 10%로 고정되어 있는 지방소득세율을 자치단체별 필요에 따라 지방의회에서 신축적으로 결정하도록 허용해야 한다. 지방소득세율은 국세 납부액의 5~15% 사이에서 결정할 수 있도록 되어 있으나 현실적으로는 일률적으로 10%에 고정되어 있다. 중앙정부의 압력, 자치단체 간 눈치 보기 등이 원인이다. 세수가 부족할 때 세율을 인상할 수 있어야 하며, 역으로 지역 경기 호전 시에는 세율을 낮춰 지역 경쟁력을 강화할 수 있도록 조처되어야 한다.

자치단체의 경제구조 및 재정상태 변화, 신규 사업의 필요성 등에 따라 세목을 변경할 수 있는 권한을 지방정부에 부여하는 것도 검토해야 한다. 인구 이동이나 지역별 주력 산업 변경, 경기 변동 등에 따라 지방정부가 대응할 수 있는 법적 기반이 마련되어야 한다. 세목 변경 권한이 부여되면 지방의회가 지역 납세자에게 동의를 구하고 세원을 확보한 후, 이를 바탕으로 책임 있게 사업을 진행할 것으로 기대된다.

(3) 수도권 규제 관련 법령의 정비

비수도권을 위한 특별기금 설치, 고향후원금 공제제도 도입으로 '생존의 문제'를 해결함과 동시에 패키지로 '발전의 문제'인 수도권 규제 관련 법령을 정비해야 한다. 규제 위주의 현행 '수도권정비계획법'을 폐지하고, 대체입법으로서 '수도권계획관리법' 제정을 추진해야 한다.

현행 수도권정비계획은 인구 유발 시설에 대한 규제 운영, 성장 억제 위주이며 국가가 수립하고 있다. 국가와 지자체 공동으로 '수도권 성장관리계획'을 수립하고, 계획 기조는 수도권을 세계적 중심도시권으로 육성하는 것이 되어야 한다. '수도권관리계획'에 의거, 수도권의 관리에 영향을 미치는 모든 대규모 개발사업을 관리해야 한다. 적절한 수준의 개발이 적정한 시기에 적정한 입지에서 이루어질 수 있도록 개발의 위치·규모·시기 등을 규제가 아닌 계획을 통해 결정하는 것이다.

현행 수도권정비계획법은 수도권 전체를 과밀억제권역, 성장관리권역, 자연보전권역으로 단순 구분해서 권역별로 각종 행위 제한 및 공장 총량제, 개발사업 규제 등을 실시하고 있다. 수도권 전역을 3개 권역으로 단순 구분하고 있는 현 체계를 폐지하고, 일부 지역에 한해 특별관리구역을 신설해야 한다. 특별관리구역(예를 들어, 과밀정비, 성장유도, 주변부 관리, 환경보전)을 일부 지정하고, 성장유도 지역을 중심으로 첨단산업 등을 집중 배치하는 것이다. 그 외 지역에 대해서는 권역을 해제해야 한다.

수도권규제완화특별기금 설치 및 운용을 위해 지방자치

법을 개정하고, 수도권 투자와 관련한 각종 조세법상 부과금은 폐지되어야 한다. 지방자치법에 수도권규제완화특별기금 설치 근거를 마련하고 운용 주체로 별도의 독립조합을 지정(또는 특별법으로 추진)해야 한다. 수도권 규제완화 이후 기업 투자와 관련한 과밀부담금 및 취득세, 재산세 중과세는 폐지되어야 한다.

그린벨트는 녹지지역 수준으로 전환하자

토지의 자유를 위한 핵심적 조치 중의 하나가 그린벨트의 폐지다. 그린벨트는 임대주택 공급 확대 등을 위해서 정부가 가장 많이 훼손했다. 지금은 사실상 뼈대만 남은 이 제도를 지킬 이유가 없다. 그린벨트는 이 나라에 녹지를 한 평도 더 보전하는 효과가 없었다. 경제개발 과정에서 모두가 그린벨트를 넘어가서 집을 짓고 공장을 지었는데 이 땅도 모두가 농지나 임야였다. 즉 훼손되는 녹지의 위치를 달리하는 효과밖에 없었고, 훼손되는 녹지의 총량을 줄이는 효과가 있었다는 증거는 없다. 단지 그린벨트 안쪽의 토지의 가격을 턱없이 높이는 효과는 확실히 있었다.

그린벨트는 위헌이다. 헌재는 헌법불합치로 판단을 내리

면서도 그린벨트를 해제하면 땅값이 폭등할 것이라는 걱정을 했다고 한다. 그린벨트의 땅값은 오르겠지만 전반적인 지가를 떨어뜨릴 수 있다는 효과를 이해하지 못한 듯하다. 오히려 걱정하고 경계해야 할 점은 부동산 가격 폭락으로 인한 금융 부실의 가능성이다. 지가가 너무 급격하게 폭락하면 아직 부동산을 담보로 잡고 대출하는 것밖에 모르는 우리 은행들이 다 부실하게 되지 않을까 하는 점이다. 따라서 토지 공급을 늘리는 조치를 단계적으로 실행하되, 지가가 급락하지 않는 수준으로 속도를 조절하는 것이 정답일 듯하다.

　토지 이용 규제완화는 중산층의 레저 생활 보장을 위해서도 필요하다. 최근 논란을 빚은 설악산 케이블카 설치 문제를 생각해보자. 무엇이 국가 목표인지는 없어지고 찬성과 반대의 양쪽 논리와 억지만 흐르고 있다. 일자리 창출이 최우선이면 일자리 여부에 초점을 맞추어야 한다. 환경문제가 있으면 보완하면 된다. 케이블 설치방법을 환경 보전에 맞도록 엄격히 관리해야 할 것이다. 산 정상의 휴식공간도 주위 경관과 조화를 이루도록 엄격히 관리해야 할 것이다. 이를 위해 사업 주체를 환경을 중시하는 시민단체 협동조합에 넘기는 방안도 생각해볼 필요가 있다. 특정 기업에게 혜택이 돌아가는 추진 방식은 국민의 공감을 얻기 어렵기 때문이다. 전국 명산은 우리 국민 모두의 휴식공간이기 때문이다.

전국 주요 명산에 케이블카 건설을 불허하는 방침은 형평의 측면에서도 문제가 있다. 걸어서 정상을 갈 수 있는 젊고 건장한 사람만이 정상을 독차지해야 하는 것은 아니다. 정상의 절경을 구경하면서 아름다운 찻집에서 차 한잔하고 싶은 보통사람들의 바람을 한쪽의 논리만 앞세워 무시해서는 안 된다. 손자손녀, 할아버지, 할머니, 온 가족이 즐길 수 있는 산상의 멋지고 고급스러운 소비 장소를 무슨 권리로 가로막는지 모르겠다. 좋은 일자리 창출은 우리 사회가 '소비하기 좋은 사회'가 되어야 가능하다. '기업하기 좋은 사회'는 필요조건일 뿐이다. 충분조건은 소비하기 좋은 사회가 되어야 한다. 소비를 방해하여 결과적으로 일자리 창출을 가로막고 있는 우리 사회의 고정관념을 다시 생각해보아야 한다. 그리고 중산층에게 레저 생활은 필수다.

5

투자의 자유

모험을 촉진하는 혁신금융

전당포 영업을 넘어서

혁신과 창업이 활성화되려면 노동의 유연성과 함께 금융의 역할이 중요하다. 특히 중견·중소기업, 자영업자의 금융 접근성이 개선되고 자금이 선순환되어야 혁신을 위한 투자가 가능하다. 근로자들도 취업 대신 창업을 선택할 수 있다. 슘페터는 금융이 자본을 동원하고 생산적 기업가를 선별함으로써 경제성장과 혁신을 유도한다고 강조했다. 기술혁신에 소요되는 신규 자금은 통상의 기업 활동으로는 충당할 수 없기 때문에 은행의 신용으로 창출되어야 한다고 주장했다.[45]

그러나 우리나라 금융의 산업 및 창업 지원 기능은 갈수록 약화되고 있다. 경쟁력도 취약하다. 우리나라의 GDP 대비 금융업 비중은 2002년 6.4%에서 2014년 5.1%로 감소했다. 금융업 경쟁력은 세계경제포럼 기준 87위, 국제경영개발연구원IMD 기준 31위로 경제규모(11위)에 비해 크게 취약하다 (2015년 기준).

국내 은행들은 외환위기 이후 구조조정으로 은행 수가 감소하고 엄격한 진입 규제로 인해 새로 진입할 경쟁자조차 없는 과점 체제에서 외형을 확장하는 데만 몰두하고 있다. 과점을 국가로부터 보장받는 사실상의 공기업이다. 기업대출보다는 위험부담이 적은 담보 중심의 가계대출을 늘려 기업대출의 비중이 하락했다. 기업의 중추적 자금 공급원인 은행이 산업의 파이프라인 역할을 하지 못하고 '전당포 영업'에 안주하고 있는 실정이다.[46]

특히 중소기업은 99%가 은행대출을 통해 자금을 조달하는데, 은행의 중소기업 대출 비중은 지속적으로 감소하고 있

---

45 슘페터는 은행가에 대해 "기업혁신과 관련된 수많은 불확실성에도 불구하고 이를 성공시켜주는 주체"이며 "혁신을 검토하고 집행하는 사회주의 계획위원회로서…… 기업과 정부로부터 독립적이어야 하며, 정부, 정치인, 대중에 대해 철저하게 인기가 없을 때 자기 역할을 다했다 할 수 있다"고 말하며 자본주의 발전의 견인차라고 강조한다. 슘페터는 주식시장보다 은행의 역할을 강조했지만 이는 그가 활동하던 시대적 배경 때문이다. 당시 슘페터가 활동한 독일과 오스트리아에서는 영국의 상업은행과 달리 투자은행이 발전하고 있었는데, 투자은행은 기업의 주식을 보유하기 때문에 주식시장에도 자금을 공급하는 혁신금융자의 역할을 하는 셈이었다. 따라서 주식시장에 대해 별도로 언급하지 않고 은행과 주식시장의 구분 없이 혁신금융의 중요성을 강조한 것으로 보인다. 문우식(2000), 〈슘페터의 신용과 케인스의 파이낸스〉, 《경제논집》 제39권, 제1호., 서울대경제연구소 참조.

다. 그나마도 중소기업 대출금액 중 만기 1년 이내 단기 자금의 비중이 70.5%에 달해 OECD 평균 46%를 크게 넘고 있다 (미국 20.8%, 독일 21.3%). 이래서야 어떻게 공급 혁신이 발현될 수 있겠는가.

산업과 혁신기업의 성장 토대가 되어야 할 자본시장은 더욱 취약하다. 한국 자본시장의 규모는 미국의 5.8%, 일본의 19.4%에 불과하다. IPO 시장 규모도 2005년 대비 1.8배 증가했지만(24억 달러→42억 달러) 여전히 미국의 10.3%, 중국의 7.7% 수준에 머물러 있다. 대형 증권사도 규모가 작아 혁신기업에 장기 투자할 여력이 부족한 상황이다.[47]

최근 국내 벤처업계는 양적으로는 성장했지만 질적으로는 여전히 성과가 미흡하다. 2010년에서 2014년까지 국내 벤처기업은 2만 4645개에서 2만 9910개로 늘었지만(2016년 9월 현재 3만 2468개), 벤처 당 매출은 72.2억 원에서 71.9억 원, 연

46 은행 수: 26개('97) →18개('12). 금융감독원,《은행경영통계》

은행권 기업대출 비중: 72%('98) →47%('05) →56%('15). 한국은행,《금융시장동향》

은행대출 비중(2015년): 가계(44%), 중소기업(43%), 대기업(13%). 한국은행,《금융시장동향》

은행권 기업대출 중 중소기업 비중: 91.4%('06) →77.3%('15). 한국은행,《금융시장동향》

간 매출증가율은 19%에서 11%로 오히려 하락했다.

국내 벤처업계가 이처럼 부진한 것은 창업과 초기 운영에 필요한 투자가 부족한 것이 제일 큰 원인이다. 미국 카우프만 재단의 조사 결과 미국 벤처기업의 외부 조달자금 중 25%가 출자, 75%는 대출 형태로 벤처기업의 출자 수요가 최소 4분의 1에 달하고 있다. 반면 국내 벤처의 출자 수요는 2015년 전체 조달액 23.8조 원의 25%인 6조 원 규모로 추정되지만, 실제 출자액은 수요의 절반에도 못 미치는 2.7조 원(비중 11%)에 불과했다. 또한 벤처기업은 데스벨리 시기라 불리는 창업 후 3~5년간의 자금 경색기에 엔젤투자, 벤처캐피털, 사모펀드 등 모험자본이 수혈되어야 생존할 수 있는데 한국은 투자자금이 크게 부족해 창업 3년 후 생존율이 OECD 국가 중 최하위다.[48]

벤처투자가 민간 금융기관 중심으로 성장해야 효율적인 벤처 생태계 조성이 가능하지만 우리나라의 은행 등 민간 금

---

47 자본시장 규모(2014년, 조 달러): 미국 44.7, 일본 13.4, 한국 2.6, 세계거래소연맹(World Federation of Exchange). 미래에셋(대우 포함) 6.7조 원, NH 4.5조 원, KB(현대 포함) 3.8조 원, 삼성 3.4조 원. 참고로 다른 아시아의 대형 증권사 규모는 일본 노무라 28조 원, 중국 중신증권 26조 원, 말레이시아 CIMB 12조 원 등이다. 금융위 보도자료(2016), 〈초대형 투자은행 육성을 위한 종합금융투자사업자 제도 개선방안〉.

48 벤처투자 규모(2015년, 억 달러): 미국 605, 중국 300, 한국 20.3, OECD 창업 3년 후 생존율(%): 미국 57.6, 이스라엘 55.4, 호주 62.8, 한국 41.0, 한국무역협회(2015), 〈IT 벤처기업의 Death Valley 극복과 시사점〉.

융기관은 투자에 매우 소극적이다. 2015년 기준 국내 벤처투자 2.7조 원 중 정책기관, 산업은행 등 범정부기관 투자액이 1.2조 원으로 45%를 차지하는 반면 민간 금융기관의 비중은 18%에 불과하다. 정부가 국내 벤처의 성장을 주도하지만 그나마 정책이 여러 부처로 분산되어 비효율적이며 전문성이 떨어지는 것이 현실이다.

자영업자의 창업자금 지원 기능도 매우 부족하다. 국내 근로자의 22.1%를 차지하는 자영업자는 대부분 본인의 종자돈과 금융사 대출로 창업을 하고 있으며, 정부의 지원 비중은 미미하다.[49] 국내 자영업자의 46%인 253만 명이 금융기관에서 총 520조 원의 대출을 받고 있는데 이 중 33%인 169.3조 원을 저축은행, 상호금융, 대부업체 등에서 10~20%의 고금리로 조달하고 있다. 이 같은 고금리 대출로 인해 자영업의 생계가 어려워져, 자영업자의 평균소득이 2012년 4002만 원에서 2015년 4587만 원으로 15% 증가한 반면, 원리금 상환액은 954만 원에서 1402만 원으로 47%나 증가했다.

---

49 자영업자의 사업자금 조달 방법: 본인과 가족이 마련한 돈 66%, 은행·보험사·상호신용금고 33%, 친지·동업자·타인에게 빌린 자금 15%, 정부지원 1.7%. 2015년 통계청 조사(2년 이내 사업을 시작한 자영업자 대상. 중복응답 허용).

벤처·중소기업부의 신설

국내 벤처업계는 정부의 적극적인 벤처 육성정책에 기대어 성장해왔지만 정부부처 간 정책 혼선, 사업의 비효율성, 전문성 부족 등 많은 문제가 제기되고 있다. 2015년 기재부 조사 결과, 벤처기업들은 정부의 벤처정책 문제점으로 통합지원체계 미비(응답자의 30%), 나눠주기식 예산 배분(30%), 평가자의 비전문성(19%)을 지적하기도 했다. 정부 정책의 실효성을 높이기 위해서는 벤처기업과 중소기업 지원을 위한 조직 개편이 필요하다.

현재 정부의 벤처정책은 중소기업청이 주도하고 있지만 미래부, 산업부, 문화부 등 6개 부처가 약 32개 사업으로 나누어 진행하고 있다. 각 부처가 다른 부처와 정책 조정·협의 없이 각자 사업을 추진하고 있는 실정이다. 정부부처 간 정보조차 공유되지 않아 예산을 신청하는 벤처기업이 다른 부처에서 지원받은 이력을 밝히지 않으면 확인할 방법이 없다. 또한 창업을 위한 공간 지원, 컨설팅, 교육, 해외 진출 지원 등 유사 지원책들이 여러 부처에서 중복 추진되고 있다. 중기청의 창업보육센터, 미래부의 창조경제혁신센터, 산업부의 테크노파크는 공간 지원, 컨설팅, 교육, 인큐베이팅 등 기능이 거의 같다. 이 때문에 중기청의 227개 창업보육센터 중 입주 기업이

30개 이상인 곳은 30개에 불과해 공급이 초과되는 현상까지 벌어지고 있다.

또한 벤처투자에 대한 전문성이 낮아 우수 벤처에 대한 선별적인 투자보다는 다수의 벤처들에 소액 '나눠주기식' 지원으로 재원을 집행하고 있는 것도 문제다. 예를 들면 창업 운전자금(시제품 개발·생산, 설비 구입 등)의 한도는 5억 원, 청년 전용 창업자금 지원의 대출한도는 1억 원에 불과하다. 벤처기업들은 공무원의 전문성이 낮아 정책 지원 대상의 선정과 평가가 주먹구구식으로 추진되고 있다고 비판한다. 한마디로 벤처기업을 지원하는 것이 아니라 관료집단의 먹거리 나누기 수준이다.

이러한 문제점을 극복하기 위해서는 현재 차관급인 중소기업청을 장관급 조직인 '벤처·중소기업부'로 격상하고 여러 부처에 분산된 벤처 관련 조직과 기능을 통합하여 벤처 관련 정책 추진 체계를 일원화하고 효율화해야 한다. 현재 중소기업청은 산업부의 산하기관인 차관급 조직으로 미래부, 산업부, 문화부, 고용노동부 등과 대등하게 정책을 조율하기 어려운 상황이다. 금융기관을 감독하는 금융위원회와는 정책 조율이 더욱 불가능에 가깝다.

벤처가 활성화된 미국, 영국, 이스라엘의 경우, 벤처 전담 부처가 대통령 직속이거나 확실한 정책 총괄 기능을 부여받고 있다.

은행의 기업금융 강화

금융의 산업자금 공급 확대를 금융 개혁의 최우선 목표로 추진해야 한다. 벤처와 중소기업에 대한 투자와 대출을 확충하면서 경쟁력이 없는 중소기업의 구조조정을 동시에 추진하여 창업과 퇴출이 자유로운 경쟁구조를 정착시켜야 한다.

① 산업은행을 벤처투자 전문 금융기관으로 전환

최근 4차 산업혁명으로 산업의 패러다임이 급변하고 있다. 하지만 한국의 대표적인 정책금융기관인 산업은행은 여전히 전통 산업과 대기업 금융 지원에 머물러 있고 4차 산업혁명 시대에 요구되는 혁신산업 지원, 벤처투자 기능은 매우 미미하다. 2015년 말 기준 조선, 해운, 건설, 철강, 석유화학 등 전통 산업에 대한 대출액이 19.2조 원으로 전체 대출잔액 82.2조 원의 23.3%에 달하는데, 이는 국가 GDP 중 전통 산업의 비중인 11.3%에 비해 2배 이상 높다. 또한 산업은행의 기업대출 중 70%(2015년)가 대기업에 집중되어 있다. 반면 벤처에 대한 자금 공급액은 전체의 7%, 벤처에 대한 출자액은 전체의 0.7%에 그쳤다(2014년 기준).

산업은행은 1954년에 설립된 이후 산업발전을 위한 정책금융기관으로서의 역할을 충실하게 수행해왔다. 1950~1960년대에는 전력·도로 등 인프라, 1970~1980년대에는 중화학공업, 1990년대에는 기업구조조정 지원 등 정책금융기관으로서 민간 금융기관에서 자금을 조달하기 어려운 분야에 자금을 공급하며 경제와 산업 발전에 기여해왔다. 하지만 지금은 환경이 바뀌고 있다. 건설, 중화학공업 같은 전통산업은 더 이상 경제성장의 핵심 동력이 아니다. 더욱이 이제 대기업은 자신의 신용으로 민간 금융기관으로부터 자금을 조달하는 데 큰 문제가 없다. 정책금융기관으로서 산업은행의 역할에 변화를 모색할 때가 되었다.

이제는 산업은행의 정책금융기관으로서의 역할을 벤처 활성화로 과감히 전환해야 한다. 산업은행법을 개정하여 설립 목적을 벤처기업 지원으로 전환하고 주된 자금지원 대상을 벤처로 명시하여 정책금융기관으로서의 역할 변화를 확실하게 해야 한다. 산업은행의 벤처에 대한 자금지원 비중을 현재 7%에서 30% 이상으로 대폭 확대해야 한다. 벤처 지원을 대출에서 출자 중심으로 전환하기 위해 주식 또는 상환기한 3년 초과 유가증권을 자기자본의 60% 이내로 제한하는 현행 규정을 완화해야 한다. 국내의 민간 벤처캐피털들이 창업 초기 벤처에 대한 투자를 꺼리고 있는 상황에서 산업은행이 나서서 투자를 할 경우 국내 벤처의 저조한 생존율을 크게 높일 수 있다.

물론 산업은행의 역할 변화를 위해서는 조직도 벤처 지원 중심으로 개편해야 한다. 또한 과감하고도 독립적인 의사결정을 위해 독일의 정부 소유 개발은행인 KfW처럼 관리위원회가 지휘하는 것도 좋은 방법이다.[50]

② 중소기업 관계금융 강화 및 정부의 리스크 분담

은행의 중소기업 신용대출 비율을 의무화하되, 정부가 신용 위험을 일부 분담하고 건전성 감독 규정을 유연하게 적용해야 한다. 은행이 중소기업 대상으로 3년 이상 일정 규모 이상의 신용대출을 제공하는 경우 '관계금융'으로 분류하여 정부가 손실 위험의 일정 부분(예를 들어, 50%)을 부담하고 미 준수 시 제재를 강화하는 방안으로 중소기업 대출을 확대할 수 있다.

현재 '중소기업대출비율제도'로 대출 증가액 중 45%(시중은행)~60%(지방은행) 이상을 중소기업에 공급하도록 하고 있으나, 시중 은행의 상당수는 이를 준수하지 않고 있다. 지방

---

50 독일은 5명의 관리위원회가 KfW를 지휘한다.

은행의 경우 비율은 지키지만 담보 있는 중소기업 위주로만 자금을 공급하고 있다. 이는 현재 정부가 중소기업 지원 기금의 대부분을 은행을 통해 간접 운용하면서 손실 위험을 100% 은행에 전가하고 있기 때문이다. 은행은 손실을 피하기 위해 중소기업 대출에 소극적이며 담보가 있는 우량 기업 위주로 대출을 할 수밖에 없는 실정이다.

관계금융을 강화하기 위해서는 신용대출을 의무화하는 획일적인 방식 대신 관계금융에 대해서는 기업의 연성 정보soft information, 은행의 정성적 평가를 반영하도록 하여 건전성 규제와 충당금 적립 비율을 탄력적으로 적용해야 한다. 현행 자산 건전성 분류 기준에서는 3개월 이상 연체 시 무조건 고정 이하 여신으로 분류되고, 충당금 적립 비율도 획일화되어 있다(담보대출25%, 신용대출 50%). 업종 특성 및 관계금융 여부에 따라 은행이 보유한 정보를 반영하여 3개월 이상 연체 대출도 '고정'보다 기준이 양호한 '요주의'로 분류할 수 있게 하고 충당금 적립 비율도 조정을 허용해야 한다. 미국은 지역재투자법을 통해 지역 은행이 해당 지역 중소기업에 일정 비율 이상을 대출하도록 하는 관계금융이 활성화되어 있다.[51]

또한 기업신용평가사의 진입 장벽을 낮춰 중소기업 및 기술에 대한 신용평가 정보의 수준을 향상시킬 필요가 있다. 해외의 BoA, JPMC 등은 CEO의 사업 이력, 위기 극복 경험 등 정성평가가 반영된 여신심사 시스템을 구축하여 관계형 금융에 활용하고 있다. 미국 등 해외 주요국도 정부가 중소기업 대출을 다양한 방식으로 관리하면서 인센티브를 제공하는 정책으로 은행의 중소기업 대출을 유도하고 있는 점을 배워야 한다.

③ 동산담보대출 활성화

담보 부족으로 자금 조달에 어려움을 겪는 중소기업 지원을 위해 담보의 대상을 동산·지적재산권 등으로 확대하는 대신, 은행의 충당금 적립 의무를 경감시켜줄 필요가 있다.[52] 현재 중소기업 보유 자산의 60%에 달하는 동산을 담보로 활용하면 대출에 필요한 담보 부족 문제를 완화할 수 있지만 은행이 기피하고 있다. 우리나라는 2012년부터 동산담보대출을 실시하고 있지만 2014년 대출잔액이 4501억 원에 불과하며,

---

51 미국은 지역재투자법(CRA: Community Reinvestment Act)을 통해 지역 은행이 해당 지역 중소기업에 일정 비율 이상을 대출하도록 하고 있다. 단, 특정 수치로 강제하지는 않고 지역 은행을 4등급으로 평가하여 지점 신설, M&A, 공공투자사업 참여 우선권 부여, 지역개발 차원의 보조금 지원, 과세 감면 등의 인센티브를 부여한다. 예를 들어 지역 은행이 지점을 신설하려면 평점이 양호(2등급) 이상이어야 한다. 대한상공회의소(2014), 〈중소기업의 자금조달구조 개선방안〉 및 IBK(2013), 〈Economy News〉.

52 동산담보대출이란 부동산 담보가 부족한 중소기업의 자금 조달을 지원하기 위해 기계 등 유형자산, 재고자산, 농수축산물, 매출채권, 지적재산권을 담보로 대출하는 제도다.

IP 담보대출은 거의 전무하다. 은행이 동산담보대출을 기피하는 이유는 담보물 평가를 위한 전문 인력이나 기관이 부족하고 대출 대상 기업을 업력 3년 이상 제조업체 등으로 제한하는데다 부동산담보대출보다 충당금 적립 부담이 크기 때문이다.

현재 40%에 불과한 동산의 담보 인정 비율을 미국, 일본 수준인 60% 이상으로 상향 조정하는 대신 정부는 동산담보대출을 위한 인프라 구축, 인센티브 제공, 관련 비용 경감 등 동산담보대출의 기반을 조성해주어야 한다.

정부가 동산담보물 평가를 위한 감정평가 인프라를 구축하여 공신력 있는 감정평가 정보를 제공하고 담보물 처분 경로를 활성화해야 한다. 동산은 부동산과 달리 감정평가가 훨씬 어려워 상당한 경험과 전문성이 필요한 반면, 아직 감정평가에 대한 수요가 많지 않아 민간 차원의 자생적인 감정평가 기관이 형성되기를 기대하기는 어렵다. 정부가 주도하여 동산담보물 평가기관을 설립해야 한다.

또한 은행이 담보물 처분을 통해 자금을 원활하게 회수할 수 있도록 자산관리공사의 공매 시스템on-bid system을 활용하여 동산담보를 처분할 수 있는 인프라를 개선하는 것도 중요한 대책이 될 수 있다. 동산담보대출 제도가 정착될 때까지 정부는 은행의 부담을 경감시켜줄 수 있도록 동산담보대출

실적을 금융기관 평가 시 가중 반영해야 한다.

미국, 일본, 중국 등 해외 주요국은 동산담보대출, IP담보대출이 활성화되어 중소기업의 중요한 자금 조달 수단으로 기능하고 있다. 미국은 1960년대에 도입된 동산담보대출 제도가 중소기업의 주요 대출 수단으로 변화했다. 매출채권, 재고자산, 기계기구, 지적재산권 등 모든 자산을 담보로 설정 가능하며 동산담보대출 실적이 1980년 250억 달러에서 2009년 7610억 달러로 크게 증가하였다. 동산담보대출이 중소기업 대출에서 차지하는 비중이 40%에 이른다. 일본도 2005년부터 동산담보대출을 시작했는데, 실적이 2006년 530억 엔에서 2010년 3000억 엔으로 급증했다.

④ 하이브리드형 기업대출 도입

은행이 기업대출보다 가계대출에 치중하는 것은 가계대출의 위험이 상대적으로 낮기 때문이다. 기업대출의 수익성은 강화하고 가계대출의 리스크는 높여 은행이 기업대출을 증가시키도록 유도해야 한다.

기업대출의 수익성을 강화하기 위해 하이브리드형 기업대출을 도입해야 한다. 기업대출에 증권을 연계한 결합형 대출상품(메자닌 금융Mezzanine finance)으로 기업대출의 수익성을 높여 은행의 기업대출 유인을 강화할 수 있다. 메자닌 금융은 담보 없이 자금을 제공하는 대신에 기업의 배당우선주, 상환우선주나 신주인수권부 사채, 전환사채 등을 받는 금융 기법으로, 기대수익률이 일반 대출보다 높고 위험은 주식보다 작아 기업이 양질의 자금을 조달할 수 있는 장점이 있다.

독일, 미국 등도 중소기업 금융으로 메자닌 금융을 활용하고 있다. 독일은 중소기업 지원 시 대출(92%) 외에 메자닌 금융(7%) 등의 방식을 활용하고 있는데, 독일의 정책금융기관 KfW의 메자닌 금융 지원 프로그램은 최장 15년 동안 50만 유로까지 무담보 후순위 대출을 지원하고 있다. 미국에서도 중소기업 자금을 위한 자금집행 방법으로 메자닌 금융이 활용되고 있다. 유럽은 은행을 중심으로 한 자본형 메자닌 금융이 발달한 반면, 미국은 펀드 등 독립적인 제공자에 의한 부채형 메자닌 금융의 비중이 높은 편이다.

현재 중소기업진흥공단이 중소기업 지원사업에 한정해서 도입한 투융자복합금융을 광의의 메자닌 금융으로 볼 수도 있다. 그러나 지원기간이 5~7년으로 길지 않고 규모도 2015년 기준 1000억 원 수준에 불과하다. 은행이 중소기업에게 결합형 대출을 5년 이상 장기로 제공하는 경우 예금보험료 면제 또는 세제 혜택을 부여한다면 하이브리드형 기업대출 확산에 도움이 될 것이다.

자본시장의 활성화

① 제한적 상업투자은행의 육성

은행은 통상 만기가 짧고 건전성이 높은 대출 중심으로 운용되므로 혁신형 기업에 대한 과감한 투자나 초대형 프로젝트에 대한 출자 등 모험자본 공급에 한계가 있다. 혁신을 위한 금융지원에는 투자은행IB의 역할이 필요한데, 한국 IB들은 자본규모가 작고 자금 조달도 고비용 구조여서 대규모 기업자금을 공급하기에는 역부족이다. 국내 종합금융투자 사업자들의 경우, 금리가 높고 만기가 짧은 RP, ELS를 통해 조달한 자금이 전체 조달액의 73%에 이른다. 현행 금융투자업 규정에 따르면 만기가 긴 대출자산은 신용등급에 관계없이 영업용 순자본에서 채권액 전체(100%)를 차감하도록 되어 있다. 따라서 건전성 관리에 불리하기 때문에 증권사들이 장기 기업금융을 기피하는 실정이다.

이를 극복하기 위해서는 증권사에 원금이 보장되는 개인 대상 금융상품 판매를 허용하고, 조달한 자금은 기업금융에만 사용하도록 제한해야 한다(자본시장법 시행령 개정). 만기 1년 이내의 발행어음, 종합투자계좌 등의 형식으로 증권사가 원금 지급의 의무를 지고 운용수익을 투자자에게 배분하는 방식으로 개인 고객 대상의 원금 보장 상품을 판매하도록 할 수 있다. 기업금융에 대한 의무 비율(최소 70% 이상)을 두어 회사채 및 주식 인수 등 기업금융에 우선 사용하도록 제한한다. 금융투자업 규정을 개정하여 대출자산의 신용등급에 따라 채권액의 일부만 영업용 순자본에서 차감하여 건전성 부담을 완화하도록 해야 한다.

상업은행과 투자은행의 겸업은 현재 유럽, 미국 등에서 활발한 형태로 진행되고 있다. 겸영은행제도universal banking system가 일반화되면서 유럽 국가에서는 주로 상업은행이 투자은행으로 발전하고 미국에서는 골드만삭스, 모건스탠리 등 대형 IB들이 금융위기 후 은행지주회사로 전환하여 상업은행 업무인 예금과 지급결제 업무를 취급하고 있다.

② 은행의 벤처투자 기금 조성

우리나라의 은행 등 민간 금융기관은 벤처투자에 매우 소극적이다. 2015년 기준 국내 벤처투자 2.7조 원 중 정책기관, 산업은행 등 범정부기관 투자액이 1.2조 원으로 45%인 반면 은행 등 금융기관은 18%에 불과하다. 나머지는 일반법인 14%, 벤처캐피털 12% 등이다. 또한 정부는 2016년에 이어 2017년에도 범정부기관의 벤처투자 중 절반 이상을 차지하는 모태펀드에 출자하는 예산 2000억 원을 삭감했다.[53] 민간 금융기관의 벤처투자 확대가 절실한 상황이다.

은행의 벤처투자 활성화를 위해 시중 은행들이 채권을 매입하는 방식으로 매년 5000억 원 규모의 벤처펀드기금을 조성하여 모태펀드에 자금을 공급하도록 해야 한다. 현재 시중 은행들은 주로 대출로 자금을 운용하고 있고 벤처 심사 등 전문성이 부족하여 벤처에 대한 직접투자를 확대하기 어려운 상황이다. 특히 2000년대 초반 IT 버블 시기에 벤처투자에 나섰다가 실패한 경험, 은행의 벤처투자에 적용되는 높은 위험가중치(150%) 등이 은행의 직접투자에 걸림돌로 작용하고 있다.[54]

따라서 은행의 직접투자 대신 기금(가칭 '산업지속발전기금')을 신설하고 시중 은행들은 기금이 매년 발행하는 5000억 원의 채권을 매입한다. 산업지속발전기금은 채권으로 조성된 자금을 모태펀드에 출자하면 된다. 우리나라의 은행업은 국가의 인가를 받아 가계 등의 예금으로 조달한 자금을 기업 등에 공급하는 사업을 영위하는 것이다. 은행들에게 벤처펀드 재원 조달의 책임을 부분적으로 부과하는 것은 크게 불합리하

---

[53] 모태펀드는 2005년 모험자본 육성을 위한 벤처투자 재원 공급을 목적으로 설립되었다. 중소기업진흥공단과 미래부가 연간 2000억 원, 특허청과 고용노동부가 2000억 원을 출자했다(펀드 규모는 3.8조 원, 연간 4000~6000억 원 투자). 한국벤처투자,《모태펀드 운용 현황》.

[54] 은행업감독업무시행세칙에 따르면, 바젤 III 기준 은행에 적용되는 위험가중치는 국공채 0%, 주택담보대출 35%, 기업대출 20~150%, 대기업 주식 100%, 비상장 주식 150% 등이다.

지 않다. 현재 건설업의 경우도 지자체로부터 면허를 받거나 등록을 신청한 자에게 국민주택채권을 매입하도록 하고 조달한 자금을 임대 및 분양 주택의 건설자금으로 사용 중이다.

정부는 산업지속발전기금을 조성하기 위해 '산업지속발전기금법'(가칭)을 제정하여 기금의 설치 및 채권 발행을 통한 기금 조성의 법적 근거를 마련해야 된다. 법에서 은행을 매입 의무자로 정하여 은행별 최소 의무 매입액 산정방식을 명시하고 기금의 용도는 벤처투자 목적의 펀드에 투자하는 것으로 특정할 수 있다.

③ 코스닥 시장 및 비상장주식 유통시장 활성화

창업 열풍의 자금줄 역할을 했던 코스닥이 버블 이슈 등으로 2005년 이후 급속히 위축되었다. 반면 해외에서는 혁신적인 신생 기업들이 상장을 통해 자금 조달에 성공하며 글로벌 기업으로 성장했다. 페이스북(2004년 설립, 2012년 상장), 트위터(2006년 설립, 2013년 상장), 테슬라(2003년 설립, 2010년 상장) 등의 기업들은 설립 10년 이내에 상장하고, 대규모 자금 조달을 통해 글로벌 기업으로 도약했다.

코스닥 시장을 다시 활성화하기 위해서는 상장 요건을 완화해야 한다. 2016년 12월 코스닥의 상장 규정이 개정되어 적자 기업이더라도 시총 500억 원 이상, 연 매출액 30억 원 이상, 직전 2년 평균 매출 증가율 20% 이상인 기업은 코스닥 상장이 가능하도록 상장 요건이 완화되었다. 하지만 벤처기업이 시총 500억 원, 매출 30억 원을 넘기는 어렵기 때문에 특례를 인정하여 적자 벤처기업은 시총 250억 원, 매출액 15억 원으로 기준을 완화해야 한다. 현행 코스닥의 일반 상장 요건의 경우 일반 기업은 자기자본 30억 원 이상이지만 벤처기업은 15억 원 이상으로 벤처에 대한 특례를 인정하고 있다.

장외시장인 비상장주식 유통시장도 혁신기업이 자금 조달 채널로 이용할 수 있는 방안을 모색해야 한다. 미국의 나스닥 프라이빗 마켓Nasdaq Private Market(NPM), 캐나다의 TSX 프라이빗 마켓TSX Private Market(TPM) 등 비상장주 유통시장은 설립 초기 단계 혁신기업들의 자금 조달 채널 기능을 한다. 우리나라도 크라우드펀딩crowdfunding 성공 기업, 정책금융기관 추천 기업 등 일정 수준의 기술력이 인정된 스타트업 기업에 대해서는 장외주식 거래에 양도소득세를 면제하여 유통시장을 활성화해야 한다. 현재 검토 중인 '한국거래소 스타트업 마켓KRX Startup Market' 거래에 세제 혜택 등 인센티브를 강화하여 시장을 조기에 정착시킬 필요가 있다.

핀테크 활성화

① 포지티브 규제에서 네거티브 규제로 전환

핀테크FinTech 산업에 대해 법에 허용된 사업만 허용하는 포지티브 규제에서 법에서 명시적으로 금지하지 않은 사업은 원칙적으로 허용하는 네거티브 규제로 전환해야 한다. 미국, 영국, 싱가포르 등은 핀테크 산업에 대해 네거티브 규제를 적용하여 빠른 성장을 실현하고 있다. 특히 미국은 창업에 유리한 네거티브 규제 환경으로 핀테크에서도 가장 앞서가고 있다. 핀테크 산업 육성을 위해 은산분리 등 기존 규제를 과감히 수정하고 있다. 2005년 은행업 진출에 실패한 월마트는 2014년 그린닷뱅크Green Dot Bank와 제휴해 고뱅크GoBank라는 인터넷은행 서비스를 출시했다.

영국은 글로벌 핀테크 허브를 구축하기 위해 2013년 정부 차원의 핀테크 육성센터인 레벨39Level 39를 런던에 설립하고, '규제 샌드박스regulatory sandbox' 제도를 도입했다. 규제 샌드박스는 혁신적 제품을 모래사장과 같이 규제와 장벽이 없는 곳에서 시험할 수 있도록 지원한다는 취지에서 붙인 명칭이다. 어떤 기업이든 혁신적인 아이디어를 실험해볼 수 있는 안전지대를 의미한다. 금융 시스템을 불안하게 하거나 금융 소비자들을 위험에 빠뜨리지 않으면서도 새로운 아이디어를 실험할 수 있는 가상 환경과 제한적인 실제 환경을 제공하는 것이다. 그 결과 7000개 이상의 핀테크 기업이 창업했다.

아시아 금융허브들도 핀테크 중심지로 부상하기 위한 적극적인 정책을 수립 중이다. 싱가포르는 2015년 핀테크 오피스를 출범시키고 신생 핀테크 기업 대상 금융규제를 유예했으며 2016년 '규제 샌드박스'를 도입했다. 홍콩 역시 2015년 핀테크 조정위원회를 설치했으며 2016년에는 '규제 샌드박스' 제도를 도입했다.

② P2P 대출제도 개선

P2P 대출을 활성화하여 혁신기업의 자금 조달 경로를 다양화하고 기업에 대한 자금 공급을 확대해야 한다. P2P 대출이 활성화되면 벤처 등 혁신기업의 자금 조달원을 다양화할 수 있을 뿐 아니라 시중 은행 등 금융권 대출이 어려운 자영업자, 소상공인들에게 6~10%의 중금리 대출이 가능해진다.

미국은 2012년, 영국은 2014년에 P2P 대출에 대한 규제를 정비하여 산업의 성장을 유도하면서 리스크를 관리하고 있다. 미국의 P2P 기반 대출 스타트업 '온덱OnDeck'은 자체 개발한 알고리듬으로 기업이 제출하지 않은 다양한 정보(SNS상의 평판과 사고 횟수, 금융기관 거래 내용, 현금흐름 등)를 인터넷에서 수집해 대출신청자의 신용을 평가하고 이자율을 책정한다. 자영업자의 경우 사업에 맞춰 전문화된 대출도 진행한다.

우리나라는 P2P 대출에 대해 별도의 법령이 없어 차입자
는 대부업법, 투자자는 민법의 테두리에서 거래하고 있기 때
문에 P2P 대출을 대부업으로 인식하면서 시장 발전이 정체되
고 있다. 2016년 3월 기준 한국의 P2P 대출잔액은 723.7억 원
으로 중국(667억 달러), 미국(120억 달러), 영국(35억 달러)에 비
해 턱없이 미미한 수준이다. 따라서 P2P 대출 및 투자자 보호
를 위한 법령을 조속히 마련할 필요가 있다.

P2P 대출에 비과세 혹은 저율과세 혜택을 부여해야 한
다. 투자자 입장에서는 세후 투자수익률이 상승해 투자 유인
이 커지고 절감된 세금의 일부로 대출금리를 인하해 자영업
자, 창업 벤처들의 대출 수요도 확대할 수 있어 P2P 시장의
빠른 성장이 가능하다. 개인종합자산관리계좌ISA의 대상 상품
에 편입하여 이자소득세 비과세 혜택을 부여하거나(조세특례
제한법 개정), 은행 예적금 수준의 이자소득세율을 적용(소득세
법 개정)할 수 있다. 영국은 2016년부터 P2P 대출의 활성화를
위해 비과세 개인종합자산관리계좌 대상에 P2P 대출도 포함
시켜 20%인 이자소득세 면제 혜택을 부여하고 있다.

③ 인터넷은행 확대

인터넷은행 설립을 활성화하여 자금 조달의 채널을 다양

화하고 담보 위주의 가계대출에 치중하고 있는 기존 은행에 대한 경쟁 압력을 높일 필요가 있다. 현재와 같은 과점적 시장 구조에서는 기존 은행들이 기업대출을 늘릴 유인이 없다. 인터넷은행은 오프라인 점포가 필요 없고 고정비용을 절감할 수 있어 최근 6~10%의 중금리 대출시장을 공략하려는 기존 은행의 강력한 경쟁자가 될 것으로 예상된다.

현행 은행법상 대주주의 지분보유한도(4%)를 과감하게 완화하되 대주주와의 거래는 강력히 규제하는 방식으로 인터넷은행 설립을 활성화할 필요가 있다. 현재는 은행법상 인터넷전문은행을 설립하는 ICT 기업이 보유할 수 있는 지분이 4%에 불과해 인터넷은행 설립 유인이 크지 않으며 지속적인 자본 확충과 인프라 투자도 제약이 있다.

일본은 은산분리 원칙(의결권 20% 이상을 소유한 자는 금융청의 인가)이 있지만 은행법상 인터넷전문은행에 대해서는 규제하지 않고 있다. 주로 비금융기업(소니, 야후, 이토요카도 등)이 은행 공동출자 형식으로 인터넷전문은행을 설립했다. 전자상거래 업체인 라쿠텐의 자회사인 라쿠텐은행은 전자상거래, 해외송금, 전자화폐 등의 지급결제 업무에 특화하여 성장했다. 단, 인터넷전문은행의 사금고화를 방지하기 위해 주요 주주인 기업에 대한 대출과 투자 등은 원천 금지해야 한다.

④ 크라우드펀딩 활성화

정부는 벤처기업 등 소규모 기업의 자금 조달을 위해 2016년 1월 증권형 크라우드펀딩 제도를 도입했지만 인센티브가 부족하고 조건이 까다로워 실적이 저조하다. 해외와 달리 최근 발행금액이 감소하여 크라우드펀딩이 개점휴업 상태다. 전 세계 증권형 크라우드펀딩 발행금액이 2013년 4억 달러에서 2015년 26억 달러로 급증했지만 국내시장은 2016년 7월 27.3억 원에서 2016년 9월 13.3억 원으로 오히려 감소했다.

국내 크라우드펀딩 시장이 부진한 것은 크라우드펀딩 투자에 대한 세제 혜택 등 투자 유인이 부족한 것이 가장 큰 원인이다. 조세특례법은 벤처인증기업에 대한 투자에 대해 30~100%까지 소득공제 혜택을 부여하지만 크라우드펀딩으로 자금을 조달하는 기업은 대부분 초기 기업으로 벤처인증이 없어 소득공제 대상에서 제외된다.[55] 또한 크라우드펀딩 관련 일반투자자의 투자한도가 기업당 200만 원, 연간 500만 원으로 매우 적고 투자한도의 제한이 없는 전문투자자 요건은 금융투자상품 잔고 100억 원 이상의 법인 또는 50억 원 이상의 개인 등으로 제한하고 있기 때문에 투자에 나서기 어렵다.

---

[55] 벤처인증기업은 VC가 5000만 원 이상 투자하거나 연간 연구개발비가 5000만원 이상인 기업 등으로 벤처기업 육성에 관한 특별법의 인증 조건을 충족하는 기업이다. 벤처기업 육성에 관한 특별법 제2조 참조.

한마디로 규제투성이다.

국내 크라우드펀딩의 활성화를 위해서는 창업 초기 기업에 대한 투자에도 세제 혜택을 제공하고 투자한도 제한 규제를 완화해야 한다. 먼저, 크라우드펀딩을 통한 벤처투자도 기존의 벤처인증기업에 대한 투자와 같은 수준의 세제 혜택을 제공해야 한다. 영국은 2013년 2월 크라우드펀딩으로 자금을 조달하는 창업 초기 기업들에게도 기존 중소기업에 적용하는 세제 혜택(EIS, SEIS)을 그대로 적용하기로 결정해 투자 확대에 성공했다. 투자금의 30%까지 소득공제 혜택을 주고 자본이득세를 면제해준다. 2011년부터 2015년 9월 사이에 영국에서 투자된 증권형 크라우드펀딩의 평균 수익률은 세제 혜택(EIS, SEIS) 고려 시 33.79%에 달하고 있다.

크라우드펀딩 시장의 투자자 저변을 확대하기 위해 일반투자자의 투자한도를 상향 조정하고 전문투자자의 인정 요건을 완화해야 한다. 예를 들면, 일반투자자의 크라우드펀딩 투자 한도를 기업당 1000만 원, 연간 2000만 원으로 확대하고 전문투자자의 자격 요건을 금융전문자격증을 소지하고 투자기관 근무경력 3년 이상인 자까지로 확대해야 한다. 미국의 경우 최근 다양한 전문투자자가 투자 대상 기업을 선정하여 펀딩을 주도하고 일반투자자들이 동일한 조건으로 펀딩에 참여하는 신디케이트형 크라우드펀딩이 급격히 확산되어 투자가 활성화되고 있다.

자영업자 창업 지원 확대

국내 자영업자들은 창업자금을 마련하기 어려워 저축은행, 대부업체 등 비은행권 금융기관의 고금리 대출을 이용하는 경우가 많다. 이 때문에 생업에 큰 부담이 되고 있다. 국내 자영업자의 46%인 253만 명이 금융기관에서 대출을 받고 있는데 총 대출액의 33%인 169.3조 원을 저축은행, 상호금융, 대부업체 등에서 10~20%의 고금리로 조달하고 있다. 비은행권의 신용대출 평균 금리는(2016년 7월) 카드론 13.8%, 할부금융 20.7%, 저축은행 21.8%, 대부업체 27.9%에 달한다.

자영업자의 부담을 줄이고 창업자금의 지원을 확대하기 위해 자영업자에 대한 정부 자금지원을 제2금융권으로 확대하고 저금리 대환 프로그램을 추진해야 한다. 정부의 자영업 정책은 일반적인 중소기업 육성정책이 가진 경제·산업 정책적 성격과 함께 저소득층의 생계수단 지원을 통한 사회안전망 강화라는 복지정책적 성격을 동시에 가지고 있다. 복지에 사용되는 재원을 자영업자의 창업예산으로 지원해 자영업자의 자립 여건을 조성할 수 있다면 향후 기초생활자금, 노후자금 등 사회복지 예산을 절감할 수 있다.

　현재 제1금융권에 집중된 소상공인 대출 등 정부의 자금 지원을 저축은행 등 제2금융권으로 확대해야 한다. 정부가 지원하는 소상공인 정책자금은 2016년 기준 1조 원 규모로 시중 은행, 농협 등 제1금융권을 중심으로 공급되고 있다. 소상공인 대출은 소상공인의 생업안전망을 구축하기 위해 지원되는 것으로 소상공인보호법상 상시 근로자 5명 미만 사업자만 지원 대상으로 한정한다. 소상공인 대출을 위한 정책자금의 대출 금융기관을 캐피털사, 카드사 등으로 확대해야 한다. 소상공인들과 거래가 많은 저축은행, 카드사 등은 자영업자의 매출정보 등을 활용할 수 있기 때문에 자영업자가 신용에 의해서만 금리와 대출한도를 평가받는 개인대출보다는 사업자 대출이 용이한 장점이 있다.

　2015년 주택금융공사를 통해 시행했던 안심전환대출처럼 자영업자의 고금리 대출을 저금리 대출로 전환하는 프로그램을 추진해야 한다. 안심전환대출은 변동금리의 주택담보대출을 2%대 고정금리대출로 변경하기 위해 한시적으로 판매한 전환대출용 상품이었다. 2015년 안심전환대출을 통해 34조 원의 대출이 저금리로 전환되었으며, 평균 대출금리가 3.5%에서 2.6%로 하락해 연간 0.3조 원의 이자 부담이 절감되었다. 창업 3년 미만의 자영업자가 비은행권 금융회사에서

받은 고금리 대출을 소상공인진흥공단을 통해 기존 대출금리보다 2~3%p 낮은 금리로 전환하도록 지원할 경우 자영업자의 이자 절감에 큰 도움이 된다. 소상공인진흥공단은 비은행권이 보유한 자영업자 대출을 묶어 채권을 발행하고 이를 정부가 매입하여 재원을 조달하면 된다.

금융개혁의 궁극 목표는 네거티브 시스템이다

일본이 농업국가에서 산업국가로 들어서게 된 전환점은 1868년의 메이지 유신이다. 메이지 정권은 왕정복고와 중앙집권체제를 확립하고, 내각제 창설(1885)과 헌법 제정으로 근대국가를 완성했다. 이어서 청일전쟁으로 아시아 무대에서, 영일동맹과 러일전쟁으로 세계 무대에서 열강의 일원으로 등장했다. 메이지 정권의 성공 이유로 10여 년에 걸친 반란세력의 진압과 함께 당시 서구 열강들이 중국과 동남아시아 공략에 집중했기 때문이라는 것을 드는 것이 통설이다. 어쨌든 그들은 1850년대에 시작된 개방정책을 자신들이 내세운 '부국강병'과 연결시키는 데 성공했다. 인류 역사상 가장 빠른 성장속도 중의 하나를 기록했다. 그들은 일본의 국가구조를 끊임없이 산업국가에 최적화시켰고, 마침내 일본을 20세기 세계 최고의 산업국가로 꽃피웠다.

　1980년대는 일본의 기업과 국가 경영을 찬미하는 경제경영서가 전 세계의 유행이 되었다. QC, IE, 식스시그마 등 제조·관리방식은 물론이고 종신고용, 경박단소, 계열화 등 산업정책까지도 모두가 일본을 배워야 했다. 그러나 1990년대 후반부터 세상은 달라졌다. 인류 역사가 산업사회에서 정보화사회로 바뀐 것이다. 정보화사회조차 '인터넷 세상'에서 '초연결 세상'으로 급변한 상황이다. 청동기문화에서 철기문화로 바뀐 것 이상의 큰 변화가 인류 문명사에 등장한 것이다. 일본이 쇠퇴한 것은 단순히 표면적 현상만 보면 '버블경제의 붕괴' 때문이다. 그러나 '버블경제의 붕괴'만으로는 20년 이상의 일본의 침체와 미국의 재등장을 설명하지 못한다.

　정보화사회에서는 정교하면서 순종적인 일본식 노동자만으로는 성공의 열쇠가 되지 않는다. 성공의 열쇠는 모든 장벽을 뛰어넘을 수 있는 미국식의 '자유로움'이 보태져야 한다. 미국은 1960~70년대를 풍미한 히피문화에서 볼 수 있듯이 '자유로움' 그 자체다. 사회 전체의 제도가 기본적으로 '남을 해치지 않는 한 자유다'라는 네거티브 시스템이다. 그랜드캐니언에 안전방책이 없듯이 안전에 대한 책임도 일차적으로는 자기 자신이다. 일본에서는 국가의 책임을 지나치게 강조하다 보니 모든 곳에서 국가가 잔소리꾼으로 등장한다. 결국 국가가 장벽인 것이다. 국가구조 자체를 '초연결 세상'이 되어 버린 정보화사회에 맞게 바꾸지 않는 한 일본의 재등장은 불가능할 것이다. 일본이 버블 붕괴를 만회해보려는 경제정책을 아무리 써도 소용없는 이유다. 거시경제정책만으로 해결할 수 있다면 왜 아직까지 못하겠는가? 우리나라가 이제는 일본을 따라가면 안 되는 이유다.

투자의 자유를 보장해주려면 무엇보다 정부에 의한 금융규제가 네거티브 시스템으로 바뀌어야 한다. 기업가의 혁신이 꽃피려면 투자의 자유가 보장되어야 한다.

왕래의 자유
플랫폼 국가의 건설

개방 혁신 전략의 필요성

우리 모두가 알고 있다. 우리나라는 4대 강국에 둘러싸여 있는 세계 유일의 국가다. 그리고 정상적인 국가가 아닌, 무력 집단 국가와 국경을 접하고 있다. 세계 최고 수준의 무장병력으로 대치하고 있다. 우리나라만큼 국가 안보가 중요한 나라도 없다. 국민들의 안전과 직결되어 있다. 그러한 상황에서 경제도 발전시켜야 한다. 창조적 파괴가 꽃피어야 한다. 기업의 새로운 결합이 무수히 일어나야 한다.

어떻게 해야 할까? 답은 하나뿐이다. 세계 최고 수준의 개방이다. 세계의 수준 높은 인력이 몰려와야 한다. 세계의 자본이 몰려들어야 한다. 우리나라가 동북아의 중심이 되어야 한다. 세계의 중심 중 하나로 자리 잡아야 한다. 관광국가 정도에 머물러서는 안 된다. 입출국이 자유로운 나라, 이주와 정주가 편리한 나라, 기업의 설립과 운영이 자유로운 나라, 취업과 교육이 보장되는 나라, 보육과 레저가 풍요로운 나라, 인종과 국적의 차별이 없는 나라, 더 나아가 이민이 자유로운 나라로 나아가야 한다. 바로 세계 수준의 플랫폼 국가로 우뚝 서야 한다.

노동의 유연성과 혁신을 기반으로 하는 새로운 성장모델을 창출하려면 인적 자원, 자본, 기술 모두 풀pool이 다양하고 풍부해야 한다. 하지만 한국 자체만으로는 양적으로나 질적으로 모두 부족하다.

첫째, 저출산에 따른 인구 감소의 문제에 직면하고 있다. 총 인구는 2031년부터 감소해 다소 여유가 있지만, 생산가능인구(15~64세)는 금년부터 감소하기 시작해 3년 후인 2020년에는 65~83만 명의 노동력 부족이 예상된다. 당분간 생산가능인구의 부족은 청년 실업자와 여성 인력으로 메울 수 있지만, 현재의 낮은 출산율이 계속되면 2020년대 중반부터는 노동력 부족에 직면하게 된다. 한국의 출산율은 2015년 현재 1.24명으로 OECD 국가 중 최저 수준이다. 정부가 시행한 그동안의 수많은 저출산 대책은 실패했다고 보아야 한다. 출산율이 1.3명 이하인 초저출산 상태가 2001년부터 세계에서 가장 긴 15년간 지속되고 있다. (독일은 5년, 그리스는 9년, 이태리는 12년간 저출산 상태를 경험했다.)

둘째, 과거에는 우수한 인적 자원이 우리 경제의 주요 성장동력이었지만, 최근에는 인적 자원 경쟁에서도 우위를 상실했다. 특히 신산업 분야에서 전문 인력이 크게 부족하다. 2015~2020년 스마트홈 5.5만 명, 지능형 로봇 1.2만 명, 바이오·의약 0.5만 명, 미래형 자동차 0.5만 명 등의 인력 부족이 예상된다. 이공계 인력의 두뇌 유출brain drain도 심각해 미국에서 박사학위를 받은 이공계 전공자의 3분의 2가 국내에 복귀하지 않고 있다. 매년 취업으로 한국을 떠나는 이공계 인력만 2만 명에 육박한다. IMD의 평가에서도 한국은 인재 유출이 가장 심각한 나라 중 하나다.[56]

셋째, 충분한 일자리를 창출해줄 국내 기업이 부족하다. 국내 제조기업의 82%가 9명 이하의 영세기업이며, 일자리 창출 여력이 큰 중견·대기업의 비중은 0.2%에 불과하다(미국 10.7%, 일본 1.4%). 벤처의 경우 신규 창업이 경쟁국 대비 매우 낮다. 그나마 대부분이 생계형 벤처로 부가가치 및 고용 기여

---

56 IMD 두뇌유출지수(2016년, 0에 가까울수록 인재가 국내로 미복귀): 노르웨이 8.32, 미국 7.33, 독일 6.36, 중국 3.95, 한국 3.6 등. IMD(2016), 〈World Talent Report〉.

도가 큰 대형 벤처는 크게 부족하다.[57]

넷째, 최근 4차 산업혁명이 본격화되면서 새로운 기술과 비즈니스 모델이 핵심 요소로 부상하고 있다. 지금처럼 국내 대기업의 기술에만 의존해서는 앞으로의 혁신경쟁에서 뒤처질 수밖에 없다. 4차 산업혁명이란 일반적으로 사물인터넷 IoT, 인공지능AI 등에 의한 산업 전반의 혁신을 의미한다. 기계·부품을 포함한 모든 사물이 상호 연결되고 시스템에 인공지능이 결합되면서 산업의 패러다임이 획기적으로 변화할 전망이다. 한국은 IoT, AI, 빅데이터 등 4차 산업혁명의 핵심 기술 분야에서 선진국과 격차가 크다. 최근 미국과 중국 등은 새로운 기술과 사업 모델로 무장한 스타트업들이 혁신을 주도하고 있다. 한국은 스타트업 생태계가 취약하다. UBS가 평가한 '4차 산업혁명 대응 여건 평가'에서 한국은 25위로 스위스(1위), 미국(4), 일본(12), 독일(13) 등에 비해 크게 열세다.[58]

---

57 창업 비중(신규 창업/전체 법인, 2015년): 중국 20.3%, 미국 13.3%, 한국 2.6%. 각국 통계청.
생계형 벤처 비중(OECD): 한국 63%, 독일 28%, 미국 26%, 이스라엘 13%.. OECD(2014), 〈Entrepreneurship at a Glance 2014〉.
유니콘(기업가치 10억 달러 이상 벤처기업, 2016년 4월): 세계 155개, 미국 92, 중국 26, 한국 3. CB Insights.

58 인공지능 특허 건수(2015년): 미국 6121건, 일본 2981건, 한국 306건. 현대경제연구원(2016), 〈AI시대, 한국의 현주소는〉.
IoT 경쟁력 지수(2015년 액센츄어 산정): 미국 1위, 일본 9위, 한국 12위, Accenture(2015), 〈Winning with the Industrial Internet of Things〉.

한국은 이렇게 인적 자원과 자본이 부족한데도 노동시장은 여전히 폐쇄적이다. 해외기업이 활동하기에는 매력도가 너무 낮다. 노동과 자본 시장의 전면적인 개방이 시급하다. 한국은 국내 고용계약이 체결된 고급인력 외에는 국내 정주를 제한하는 가장 폐쇄적인 이민정책을 고집하고 있다. 2014년 기준 총인구 중 외국인 비중이 2.2%로 일본(1.7%)과 함께 OECD 국가 중 최하위 수준이다(싱가포르 29.3%). 교육, 의료 등 정주상의 불편함과 배타적 문화 등으로 국내 체류 외국인 중 고급인력 비중은 2.5% 수준에 불과하다. 프랑스, 덴마크, 네덜란드 등 유럽의 경우 전체 이민자의 약 30~40%가 전문직, 첨단 연구 인력, 기업 경영진 등 고급인력이다.

해외자본의 유입도 매우 부진해 2015년 GDP 대비 외국인직접투자FDI 유입 비중이 싱가포르(334%), 아일랜드(183%), 영국(51%), 독일(33%), 미국(31%) 등에 비해 크게 적은 13%에 불과하다. 2003년부터 동북아 허브 전략을 추진하면서 해외기업 유치를 위해 경제자유구역을 조성해왔지만 8개 경제자유구역의 외국인투자 유치 실적이 목표의 26% 수준에 불과하다. 2003~2014년 8개 경제자유구역 투자액은 42.1조 원이지만, FDI 유치금액은 6.1조 원으로 투입액의 14.4%에 불과하다. 완전히 밑지는 장사다. 공무원들의 자리 마련 수단으로 전락해 있다.

최근 실시한 아시아 지역 9개 경제특구에 대한 사업환경 평가에서 한국은 하위권인 6위를 기록했다. 정부 규제, 노사관계, 조세 인센티브, 행정서비스에서는 최하위(9위)로 평가받았다. 국내 중심의 폐쇄적 R&D 구조도 혁신역량을 저하시키고 있다. 한국은 총 R&D 투자 중 해외자본에 의한 R&D 비중이 1% 이하로 OECD 최하위 수준이다(OECD 평균은 7%).

플랫폼 국가 전략

이민정책의 전면적 개편

개방형 혁신 시스템을 구축하기 위해서는 우선적으로 노동시장과 자본시장을 전면적으로 개방해야 한다. 우수한 인적 자원, 기업, 신기술 유치를 위해 파격적인 세제 혜택과 인센티브를 제공할 필요가 있다.

사람의 이동과 정주도 자본과 기술처럼 국경이 아니라 시장에 맡기는 노동시장의 개방정책을 추진해야 한다.

① 점수이민제의 확대 개편

현재는 국내 취업이 확정된 고급인력만 이민이 가능하지만 앞으로는 일정한 역량을 갖춘 사람이면 누구나 한국에 들어와 취업과 창업을 준비할 수 있도록 문호를 대폭 개방해야 한다. 현재 국내 체류 외국인을 대상으로 거주비자(F-2)와 영주권(F-5)을 주는 점수이민제도를 시행 중이다. 그러나 취업비자로 국내에 입국한 사람들만을 대상으로 하고 있어 실질적인 문호 개방 정책으로 보기 어렵다. 호주, 캐나다처럼 나이와 소득, 학력, 경력, 어학 능력 등에 각각 배점 기준을 두고 총점이 일정 기준을 넘으면 이민을 허용해야 한다. 기준을 통과한 외국인은 자유롭게 입국해 체류하며 취업과 창업을 준비할 수 있게 해야 한다. 이렇게 하면 한국에서의 정주도 결국 시장이 결정하는 셈이 되기 때문에 실질적으로 노동시장을 완전히 개방하는 효과가 있다.

단, 사회적 갈등을 유발할 우려가 큰 국가로부터의 이민과 내국인과의 고용 충돌 우려가 높은 직종으로의 취업이 예상되는 이민은 쿼터를 두고 유입을 관리할 필요가 있다. 점수이민제를 시행 중인 호주, 캐나다 등은 이민 수요가 늘자 점수기준을 대폭 높여 내국인과의 고용 충돌 우려가 적은 고급인력들을 엄선하고 있다. 우리나라가 플랫폼 국가를 지향한다면 이보다 더 완화된 정책을 실시해야 할 것이다.

② 해외 고급인력 유치를 위한 인센티브 제공

해외 고급인력의 장기 정주를 유도하기 위해 소득세와

국가	세제 혜택 내용	고급인력 비중
프랑스	총 급여의 30% 또는 상여금 비과세	37%
네덜란드	총 급여의 30% 비과세	46%
스웨덴	총 급여의 25% 비과세	39%
덴마크	소득세율 32% 할인 적용(통상 40~56%)	30%

해외 고급인력 유치를 위한 각국의 노력[59]

재산세 감면 등 확실한 인센티브를 제공해야 한다. 외국인 고급인력이 한국행을 기피하도록 만드는 언어, 교육, 의료 등 정주상의 불편함과 사회·조직 문화의 배타성을 단기간에 개선하기는 불가능하기 때문이다. 인센티브는 정주 초기에 세액을 소폭 감면해주는 것으로 시작해 오래 체류할수록 감면 폭이 커지도록 설계해 장기 정주를 유도할 수 있다. 프랑스, 네덜란드, 스웨덴, 덴마크 등도 2000년 이후 외국인 고급인력에게 비과세 혜택, 소득세율 인하 등 다양한 세제상의 특혜를 제공해

---

59 각국의 해외 고급인력 비중은 OECD Migration statistics(2016), 〈Immigrants by detailed occupation〉에서 ISCO 직업숙련도 분류 중 고급 직종 3개 그룹(1. legislators, senior officials and managers, 2. professionals, 3. technicians and associate professionals)에 속하는 직업을 가진 이민자 인구 비중을 계산한 것이다. 각국의 세제 혜택 내용은 PWC(2015), Navigating new territory internationally mobile employees, 암스테르담 시 홈페이지(iamsterdam.com), 스웨덴 연구인력과세위원회 홈페이지(Forskarskattenamnden.se), 덴마크 국세청 홈페이지(skat.dk) 등을 참고했다.

전체 외국인 중 고급인력 비중을 최대 46%까지 확대했다.

③ 이민자 인재양성 제도 마련

이민 대상지로서 한국의 경쟁력이 높지 않은 점을 고려하여, 유학생의 국내 취업과 정주를 활성화하고 해외 저숙련 인력을 국내에서 교육시켜 숙련도를 높인 후 정주 인구로 수용해야 한다. 유학생은 개인이 비용을 들여 한국에 대한 적응을 마친 잠재적 고급인력이라는 점에서 적극적으로 유치해야 할 대상이다.

현재 국내 체류 중인 외국인 유학생은 9.1만 명으로 어학연수생 2.2만 명, 학부생 3.3만 명, 대학원생 2.3만 명에 달하며 전공별로는 인문사회계가 3.6만 명, 이공계가 1.5만 명, 예체능계가 0.5만 명 수준이다. 우수 대학 학부 졸업자나 석사학위 이상을 취득한 유학생들은 졸업 후에도 취업과 무관하게 5년 이상의 장기 체류를 허용해 노동시장으로 진입할 충분한 시간을 제공해야 한다. 현재는 졸업 후 구직비자(D10)로는 2년만 체류가 가능하며 학부 졸업생의 5%, 대학원 졸업자의 18%만이 취업에 성공했다.

인구 구조상 향후 대학 입학 인구는 급격히 줄어들 것이다. 현행 입학정원이 유지될 경우 2030년경에는 약 9만 명의 신입생 부족이 발생한다. 5개 대학 중 한 곳은 신입생을 단 한

설치 형태	국 가
단독 부처	덴마크(이민·통합·주택부), 호주(이민·국경보호부)
내무부 소속	영국(국경이민청), 대만(이민청), 프랑스(이민국) 독일(이민난민국), 미국(국가안보부 국적이민청)
법무부 소속	일본(입국관리국), 스웨덴(법무이민부)
노동부 소속	뉴질랜드(기업혁신고용부)

주요국의 이민정책 컨트롤 타워

명도 받지 못하는 상황이 발생한다. 유휴시설로 전락하는 대학들이 속출할 것이다. 특히 지방대학의 경우에는 상황이 심각하다. 이런 대학들은 기능교육기관으로 전환하여 해외 청소년이나 저숙련 인력을 대거 받아들여 교육시킨 후 일정한 자격을 취득하면 취업과 정주를 허용하는 특단의 방안도 검토해야 한다. 기능교육임을 감안해 교육비용은 현행 대학 등록금에 비해 저렴하게 책정하고 학생 부담을 원칙으로 하되 취업 후 점진 상환할 수 있도록 정부에서 50% 수준을 지원하거나 융자로 제공해야 한다.

④ 이민청의 설립

이민정책의 컨트롤 타워인 '이민청'을 설립할 필요가 있다. 현재 한국의 이민정책 추진 체계는 법무부는 출입국 및 체류관리·고급인력 관리, 노동부는 단순 인력, 여가부는 결혼이민자, 교육부는 유학생 관리 등으로 분산되어 혼선이 극심하다. 선진 이민국가들은 단독 부처로 이민행정 전담 조직을 설치하거나 내무부 또는 법무부에 이민행정을 총괄하는 전담 부서를 두어 운용하고 있다.

해외투자 유치 확대

해외투자 유치를 확대하기 위해 경제자유구역을 전략산업별 특화 클러스터 체제로 재편하고 싱가포르 수준의 파격적인 법인세 감면과 원스톱 서비스를 제공해야 한다.

① 경제자유구역을 전략산업 클러스터로 육성

현재의 8개 경제자유구역을 '국가 전략산업 클러스터'로 업그레이드하고 각각의 경제자유구역을 전략산업별로 특화한 산업 클러스터로 집중 육성해야 한다. '국가 전략산업 클러스터'로 지정된 경제특구에는 기존의 유치 인센티브 외에 법인세 장기 감면 등 파격적인 혜택을 추가하고 해외기업에게만 적용되는 조세 감면 등의 인센티브를 국내기업에게도 동일하게 적용해서 국내외 기업이 어우러지는 명실상부한 산업 클러스터로 육성해야 한다. 해외자본은 투자입지 선정 시 시장 접근성, 세율, 요소비용 등과 함께 영어·생활환경 등 정주여건도 중시한다. 하지만 이러한 요건은 단기간에 개선하기

	싱가포르 (전 지역)	아일랜드 (전 지역)	중국 (경제특구)	한국 (경제특구/ 외국인투자지역)
법인세율	17%	12.5%	25%	24.2%
감면 대상	국내외 기업	국내외 기업	국내외 기업	해외기업
주요 감면 제도	•선도기업: 최대 15년 면제 •첨단기술기업: 최대 40년 5~15% 적용	•신생기업 3년 면제 •IP 소득에 대해 50% 감면	•고도 신기술 기업 15% 영구 적용	•경제특구/외국인투자 지역 등에 입주한 경우 최대 5년간 면제, 이후 2년간 12.1% 적용

국가별 법인세 감면 비교

어려우므로 우선 산업 클러스터를 조성하고 조세 인센티브, 원스톱 서비스 체제를 구축해야 한다.

예를 들어, 인천 송도 경제자유구역은 현재 바이오/의료 기기 분야 외국기업 11개, 국내기업 10개, 대학/연구기관 4개, 분석지원센터 등이 운영 중이고 글로벌 바이오 기업들이 계속 투자를 검토하고 있어 세계적인 바이오 클러스터로 육성 가능하다. 부산·진해 경제자유구역의 경우 국내 자동차산업 생산의 약 50%, 기계 및 메카트로닉스 산업의 약 40%, 항공 부품 생산의 80%를 차지하고 있어 국내 최대의 기계/메카트로닉스 클러스터로 육성 가능하다.

② 경제특구 외자기업에 대한 세제 혜택

국내기업들이 취약한 전략산업 유치를 위해서는 현재 글로벌 기업들이 몰리고 있는 싱가포르 수준의 세제 혜택을 제공할 필요가 있다. 법인세 특별 감면 혜택의 적용 분야는 바이오, 첨단소재, IoT 등 해외 선진기술과 사업 역량의 전수가 필요한 전략산업으로 한정해야 한다. 경제특구 외자기업의 세제 혜택 수준을 현행 '투자액 3000만 달러 이상인 경우 5년간 면제 및 추가 2년간 50% 감면'에서 싱가포르와 동일하게 '법인세 최장 15년간 면제 또는 최장 40년 내에서 5~15%'로 확대하도록 조세특례제한법을 개정해야 한다. 국내 투자 외자기업들에게 설문조사한 결과, 사업 확장을 위해 가장 필요한 지원으로 꼽은 것은 조세 감면(비중 60%), 재정지원, 행정지원 순이었다.

현재는 외국인 투자에 대해 사업과 규모에 상관없이 세제 혜택을 제공하고 있지만, 앞으로는 투자의 파급력을 평가해 파급력이 높은 선도기업이나 중핵기업에 대해서는 장기간 세금 면제 등 혜택을 차별화할 필요가 있다. 싱가포르, 중국 등도 건별 심사를 통해 파급효과가 큰 기업에 더 큰 혜택을 주고 있다. 특히 싱가포르의 경우 이미 인가된 프로젝트에 신규 투자 시 투자금액의 50%까지 소득공제 혜택을 제공하고 있다.

③ 해외투자 유치 전담 부처의 신설

투자 유치 관련 원스톱 행정체계 구축을 위해 해외기업

유치 업무를 총괄하는 가칭 '해외투자유치청'을 설치해야 한다. 현재는 투자 유치 관련 업무가 각 부처와 지자체로 분산되어 있고 투자 유치 기관인 KOTRA는 기업 발굴, 지자체와 기업 간 연결 업무 중심이어서 유치 조건에 관한 협상 재량권 등 원스톱 서비스가 곤란하다. 해외투자유치청은 KOTRA를 산하에 두고 투자 유치 정책 수립, 법령 입안, 개별 기업과의 유치 인센티브 협상, 외국인 애로사항 취합 및 규제 개선 주관, 투자 유치 관련 행정절차 창구 역할을 수행해야 한다.

싱가포르에서는 총리에게 직접 보고하는 장관급 기관인 EDBEconomic Development Board에서 기업 유치 및 지원과 관련해 해외기업과의 협상, 애로사항 개선, 행정서비스, 유치 정책의 기획 및 집행을 일괄 추진하고 있다. 아일랜드는 기업혁신부 산하의 부서IDA Ireland가 해외기업과 투자 유치 조건 등에 관한 협상 재량권을 갖고 해외투자 유치 업무를 전담하고 있다.

해외투자 유치 전담 부처 신설뿐만이 아니다. 우리도 이제 정부조직 전체를 새롭게 구성해야 한다. 정부부처를 이해 당사자의 이익을 대변하는 분야별 정부조직에서 탈피하여 통합조정이 가능한 기능별 정부조직으로 대대적인 개편을 할 필요가 있다. 기능별·과제별 조직만이 능률적이고 통합조정이 가능하다. 이해 관계자들과의 유착관계도 끊을 수 있다.

해외 우수 기술과 스타트업 유치

해외의 혁신적인 기술과 비즈니스 모델이 끊임없이 들어와 국내 산업의 혁신을 촉진하고 기업가정신을 자극할 수 있도록 R&D 관련 장벽을 없애고 우수 기술과 스타트업 유치를 강화해야 한다.

먼저, 우수 인력 초빙(가칭 'Korea Excellence Chair') 프로그램을 추진하여 전략산업 분야에서 향후 5년간 100명 내외의 세계 정상급 연구자(연구팀)를 국내 대학과 연구소에 유치해야 한다. 정부가 초청 연구자와 연구팀에게 7년 거주 조건으로 연간 10억 원 내외의 파격적인 보상과 최상의 주거·연구 인프라를 제공해야 한다. 캐나다는 우수 인력 유치 프로그램을 통해 세계적 석학을 12억 원의 연봉으로 초빙, 해당 석학은 7년간 의무 거주하며 캐나다 학계와 공동연구를 진행하고 있다. 싱가포르는 미국 국립암연구소 임상과학 소장인 에디슨 리우를 싱가포르 게놈연구소 소장으로 영입했고, 암 연구의 세계적 권위자인 교토대의 이토 요시야키 교수와 연구팀 전체를 스카우트했다.

또한 '스타트업 코리아Startup@Korea' 사업을 추진하여 해외의 유망한 스타트업을 국내에 유치하고 사업화를 지원함으로써 국내의 혁신 생태계를 활성화해야 한다. 2016년 창업 지원사업 예산 5764억 원(6개 부처) 중 글로벌 지원 예산은 4%

인 206억 원에 불과하며, 이것도 주로 국내 스타트업의 해외 진출 지원 위주였다. 반면에 경쟁국들은 국적 구분 없이 우수 스타트업을 자국에 유치해 새로운 기술과 사업 모델을 받아들이고 혁신 생태계를 확장하고 있다.

예를 들어, 칠레는 국가혁신정책 중 하나로 2010년부터 '스타트업 칠레' 프로그램을 시행하여 국적에 관계없이 300개 팀에 창업자금 3만 달러와 각종 혜택을 제공하고 있다(2015년 7월까지 75개국 1052개 기업 지원). 프랑스는 정부가 2015년부터 시작한 스타트업 지원 프로그램인 '프렌치테크 티켓French Tech Ticket'으로 1년간 프랑스에 거주하며 프로젝트를 진행할 해외 스타트업 70개를 선정해 4만 5000유로를 지원하고 영주권을 발급해주고 있다.

리처드 볼드윈 교수(제네바 국제개발대학원)는《위대한 통합The Great Convergence》에서 세계화를 막고 있는 것으로 "상품, 정보, 사람의 이동에 소요되는 비용"을 거론하면서, "세계화의 첫 번째 물결은 증기선과 철도 개발로 물리적 '상품 운송 비용'이 줄어들면서 시작되었다. 두 번째 물결은 디지털 기술 발달로 '정보 운송비용'이 줄어들면서 시작되었다. 세 번째 물결은 인구 이동이 수월해지면서 시작되고 있다."라고 말했다. 우리나라에도 시사하는 바가 크다.

신 10만 양병론

전통적인 다인종 국가로 이민정책을 통해 젊고 우수한 해외 인력을 지속적으로 끌어들여온 미국은 물론 캐나다, 호주 등 투자 및 기술 이민 중심의 개방적 이민정책을 펼쳐온 국가들의 이민정책이 2010년을 전후하여 변화하고 있다. 글로벌화된 지식 기반 경제체제에서 국가경쟁력을 안정적으로 유지하기 위해, '단순한 투자 및 기술 이민자'보다는 '자국 기업 내 취업 의지와 잠재적 근무능력을 갖춘 젊은 유학생의 유입과 정주화定住化'를 유도하는 쪽으로 정책 방향을 선회한 것이다.

장학금 지원을 통해 해외 우수 유학생 유치 활동을 해온 미국의 '풀브라이트 프로그램', 독일의 '훔볼트재단 프로그램'과 같은 대표적인 국제 유학생 유치정책 이외에도, 영국의 '국제교육 이니셔티브Prime Minister's Initiative for International Education'(PMI2), 독일의 '게이트-독일Gate-Germany' 등은 2000년 이후 가속화되는 글로벌 고급두뇌 확보 전쟁에서 뒤처지지 않기 위한 주요 국가들의 정책적 노력을 보여주는 것이다.

일본도 아시아 유학생 유치에 적극적으로 나서고 있다. 이민자에 대한 배타적이고 폐쇄적인 정서를 갖고 있는 것으로 알려진 일본까지도 심각한 현실적 과제로 등장한 생산가능인구의 감소 문제를 해결하고 아시아 시장에서 기업 경쟁력을 유지하기 위한 '글로벌 전략'의 일환으로 유학생 정주화 정책에 적극적으로 나서고 있다. '2020년까지 유학생 30만 명 유치'를 목적으로 2007년에 시작된 '아시아 인재 자금 구상' 정책의 궁극적인 지향점은 단순히 유학생의 확대에 머물지 않는다. 일본 기업의 전문 영역에 취업하는 아시아 출신 유학생의 비율을 높여서 아시아의 고급두뇌를 일본에 정착시키는 것을 목적으로 하고 있다는 점을 우리도 주목할 필요가 있다.

이를 위해 일본은 경제산업성과 문부과학성 등 정부부처와 국제화 거점 대학 그리고 산업계가 연계하여 유학생의 모집 및 선발, 전문 교육, 비즈니스 일본어 교육, 취직 지원까지 체계적으로 추진하는 '고도 유학생 육성정책'을 추진하고 있다.

선진 주요 국가의 유학생 정책은 젊은 글로벌 고급 인재의 유치와 정주화를 통한 국가경쟁력 강화라는 고도화된 이민정책으로 변화하고 있다. 이에 비해 우리 정부의 외국인 유학생 정책은 여전히 '학령인구 감소로 어려움에 처한 국내 대학, 특히 지방 소재 대학들의 경쟁력을 높이고, 부족한 뿌리산업의 기능인력을 안정적으로 공급'하는 '교육산업'의 관점에 머물러 있다.

2000년 이후 지속적인 증가세를 보여오던 국내 외국인 유학생 비율은 체계적이지 못한 유학생 유치 및 관리 정책으로 유학생의 불법 이탈과 질적 관리 문제가 대두됨에 따라 2011년 교육부가 '외국인 유학생 유치관리역량 인증제'를 도입하면서 오히려 감소 추세로 돌아섰다. 그나마 2015년부터 다시 증가하기 시작하여 2016년 4월 현재 10만 명을 돌파한 상황이다(국내 외국인 유학생 중 90% 이상이 아시아 국가 출신이다). 이 같은 유학생 증가 추세의 변화는 정부가 2023년까지 외국인 유학생을 20만 명까지 늘리겠다는 정책 목표 아래, 외국인 유학생의 국내 취업비자 발급 기준과 단기 기술어학연수 비자 발급 요건을 완화하는 등 적극적인 유학생 유치 전략을 전개하고 있기 때문인 것으로 파악되고 있다.

　　하지만 외국인 유학생의 유형별 추세를 살펴보면 학위과정에 참여하는 유학생 비율은 감소하는 반면, 어학 또는 기타 연수기관에서의 단기 기술연수 등, '한국 내 취업'을 주목적으로 하는 '비학위 단기과정'에 참여하는 유학생의 비율이 증가하는 상황이다. 특히 2016년 6월 1일부터 정규 학위과정 외에 계절학기나 1~2학기의 짧은 과정의 유학비자도 받을 수 있는 단기 유학비자(D-2-8 비자)를 신설함에 따라 비학위 과정의 단기 유학생 비중이 더욱 높아질 것으로 예상된다. 이들 단기 유학생의 증가는 저학력·단순 기술직 외국인 노동자의 국내 체류 및 취업을 위한 편법으로 이용될 가능성이 높다.

단기 비자 완화에 기댄 유학생 확대 정책은 국가와 기업의 경쟁력을 높이기 위한 우수 인재의 확보라는 본연의 목적에 벗어난다. 뿐만 아니라 '잠재력 있는 우수 유학생의 유치·관리·정주 유도 방안을 강화하여 고령사회 노동력 부족을 보완할 수 있도록 하겠다'는 '저출산고령사회 기본계획'의 취지에도 어긋나는 것이다.

4차 산업혁명 시대의 영토 확장

우리나라의 많은 기업이 해외, 특히 동남아에 진출해 있다. 현지의 많은 젊은이에게는 좋은 직장이다. 경우에 따라서는 꿈의 직장이고 최소한 선망의 직장이기도 하다. 우리 기업은 현지 청년 노동자의 낮은 임금과 질 좋은 두뇌에 도움을 받고 있다. 우리가 보답해야 할 필요가 있다. 그래야 장기적으로도 우리에게 이롭다. 동남아 등 해외에 진출해 있는 우리 기업을 중심으로 정부·대학과 연계하여 장학금으로 연 10만 명이상의 우수한 인재를 유치할 필요가 있다. 졸업 후에 그들이 한국에서 취업을 해도 좋고 본국에 돌아가도 좋다. 단순 노동자는 유학생의 친척 등 유학생의 추천을 받아 우선권을 주는 것도 좋은 방법이다.

위와 같이 우수인재 유치를 10년 정도만 지속해도 100만 명의 산업지원군이 창출된다. 아주 멀리 보면 동남아로의 영토 확장이다. 장기적이고 체계적인 범국가적 '해외 우수 두뇌 유치 지원시스템'을 구축하는 것이 시급한 국가적 과제다. 우리나라에도 도움이 되면서 동남아 국가에게도 많은 도움이 된다. 한마디로 윈윈win-win이다.

2000년 전 로마의 황제 클라우디우스는 원로원 연설에서 "우리가 오랜 전통으로 믿고 있는 일도 처음에는 모두 새로운 것이었다."라면서 "출신지가 어디든, 출신 부족이 과거의 패배자든 아니든 가리지 않고 인재를 흡수하여 활용해야 한다는 사고방식을 우리 조상들은 이미 보여주었고 지금 우리에게도 유용한 통치 지침이 될 수 있을 것"이라고 말하고 있다.

과거 우리의 전략은 '자본집약적인 산업을 통한 선진국 따라잡기'였다. 그 결과 우리 산업은 세계 선두가 되었다. 땀이 필요했던 과거와 달리 실력과 능력이 필요한 시대가 되었다. 그럼에도 '따라가기'에 익숙해진 생각과 구조는 변하지 않았고, 우리는 번영의 길에서 이탈하기 시작했다. 이제 우리는 모든 신분과 국적을 초월하여 오직 성과와 능력만을 기준으로 움직이는 사회를 만들어야 한다. 성과와 능력이 부족한 사람들은 정부가 지원해주어야 하는 것이지 개인의 능력 발휘를 제한해서는 안 된다.

국내의 인재뿐 아니라 외국의 인재까지도 영입해서 활용하는 나라가 되면 더 부강한 나라가 될 수 있다. 네덜란드는 우리나라 경상도보다 약간 큰 나라, 인구 200만 명밖에 안 되는 나라, 국토의 4분의 3이 바다보다 낮은 나라, 유용한 천연자원도 거의 없는 나라다. 하지만 17~18세기 네덜란드는 자원이라곤 없는 나라였지만 자유주의 상업과 앞선 시장 그리고 금융제도만으로 세계 최강국이 되었다. 군사적으로 최강의 나라는 아니었지만 경제적으로는 세계 최강의 국가였다. 그 당시 돈을 벌거나 많은 물건을 구하는 사람들은 네덜란드에 와야 했다. 그야말로 역동적인 경제를 가지고 있었다. 오늘날에도 농업을 첨단화시켜 농산물 수출이 미국 다음으로 세계 제2위 국가다. 그러면서도 유럽에서 근로시간이 가장 짧은 나라 중의 하나다. 우리나라라고 네덜란드가 되지 못할 이유가 없다.

나는 우리 경제정책의 기조였던 케인스식 수요 확대 정책의 한계를 지적하고, 4차 산업혁명 시대의 대안으로 슘페터식 공급 혁신에 의한 새로운 수요의 탄생이 필요하다고 말했다. 그리고 이러한 경제정책의 근본적 전환의 핵심으로, 슘페터식 혁신이 활발히 이루어지는 경제환경 조성에 필요한 4가지 선결조건을 하나하나 살펴보았다. 그중 핵심인 '노동의 자유'를 위해서는 먼저 국민기본수요가 충족되어야 함을 강조했다. 이제 국가가 주거, 교육, 보육, 의료, 안전 등 국민의 기본적 필요를 보장해주어야 한다. 우리 경제에 성장은 당위이지만, 그 성장을 위해서도 이제 복지를 끌어안아야 한다. 한마디로 복지성장이다. 결과적으로 중산층의 확대다.

개혁에는 물론 많은 장애가 있을 것이다. 1960년대 개발 경제 시대부터 시작되어 50년 동안 쌓여온 제도와 관행이다. 그러나 목표가 있고 수단이 정해지면 관통하는 철학에 모든 정책 수단이 맞추어져야 한다. 일자리 하나만 해도 그렇다. 일자리를 위해서라면 모든 것을 희생하고서라도, 어떠한 대가를 치르고서라도 추진해나가야 한다.

물론 우리 사회가 저성장의 늪과 '헬조선'이라 불리는 현 상황에서 벗어나려면 경제에서만 해법을 찾는 데에서 벗어나 경제 외적인 요인들에도 주목할 필요가 있다. 경제활동은 진공의 공간에서 이루어지는 것이 아니라 각 개인들이 다양한 가치관을 가지고 다양한 생활양식으로 사회경제적 활동을 해나가는 사회 속에서 이루어지기 때문이다. 이제까지 경제가 잘 풀리지 않았던 원인 중의 하나도 이러한 외부 경제적 요인들의 중요성을 간과했기 때문인 점도 크다. 외부 요인 중 경제에 가장 중요한 것은 '사회적 자본social capital'이다.

사회적 자본은 사회구성원 간에 서로 신뢰하며 함께 규칙을 지키는 것이다. 우리 사회는 거짓이나 위증에 대해 다른 나라에 비해 관대하다. 사기 사건도 많다. 이는 경제적으로 소위 거래비용transaction cost을 높여 사회의 효율성을 떨어뜨린다. 거짓말을 하는 것은 불명예스러운 일이라는 사회적 인식과 공감대가 형성되어야 한다. 최고 지도자부터 이러한 사회 분위기를 만들어나가고, 행정부와 입법부와 사법부는 거짓말에 대해 불이익을 주는 각종 장치들을 마련해나가야 할 것이다.

직간접으로 경제에 영향을 미치지 않는 분야는 한 곳도 없다. 정치, 외교, 국방, 사회, 문화 등 모든 부분이 경제에 영향을 미친다. 이 모든 외부 요인에 대한 분석을 작은 책 한 권에 담기란 불가능하다. 이 책은 슘페터식 성장정책의 기본방향을 제시하고, 이에 따른 경제성장의 구체적 방법, 무엇보다 일자리 창출 방안에 초점을 맞추고자 했다. 그 방법이란 일차적으로 이해 당사자들 간의 이익 공유를 도모하는 것이며, 어디까지나 '패키지 딜'로 추진해야 성과를 거둘 수 있음을 누차 강조했다. 이상의 나의 제안에 대해 약간의 의구심도 있을 것이다.

먼저, 사회적 신뢰도가 낮은 우리나라에서 패키지 딜에 의한 문제 해결이 가능할지에 대해 의구심이 들 수 있다. 예를 들어 노동의 자유를 위한 시책의 경우, 실업급여는 증가하고 기간이 연장되는 반면 노동의 자유는 확보되지 않는 등 이해집단이 단 부분만 받아들이고 쓴 부분은 뱉어버리는 결과가 나타날 수도 있다고 의심할 수 있다. 하지만 국회에서 '예산부수법안'과 같이 법률 통과 자체를 패키지로 진행하면 가능하리라 생각한다. 미국식의 '의안목록제' 도입도 추진해야 할 것이다. 그러나 나는 우리나라 국민들이 쌍방 간의 이 정도의 약속은 충분히 지킬 수 있는 수준이라고 낙관한다.

　나는 케인스와 슘페터의 생각들을 대비시키며, 현재와 같은 우리나라의 경제상황 및 발전단계에서는 공급 측면의 혁신이 긴요하다고 주장했다. 하지만 그렇다고 하여 두 학자의 이론이 대립관계만은 아님을 분명히 지적하고 싶다. 오히려 상호보완적인 관계에 있다고 생각한다. 단기적으로 경제를 안정화시키는 데는 케인스식 접근방식이, 장기적 경제성장과 발전을 위해서는 슘페터나 공급 중시supply sider 경제학자들의 접근방식이 더 유효하다고 볼 수 있다. 자본주의 경제가 일단 불황에 빠지게 되면, 임기가 있는 정부로서는 단기간에 이를 해결하는 데 집중할 수밖에 없고, 케인스식 처방을 제외하기가 어려울 것이다. 하지만 장기 불황의 위협에 대응하기 위해서는 그동안 푸대접을 받았던 슘페터의 주장에 귀를 기울일 필요가 있다. 그렇다고 하여 케인스식 방식의 정책 대처가 불필요하다고 주장하는 것은 아니다.

　이 책이 주장하는 핵심은 어디까지나 슘페터가 말한 기업가정신이 꽃필 수 있는 바탕을 만드는 곳에 재정지출을 확대하자는 것이다. 정부를 '시장개입·시장주도자'로만 한정하지 말고, '혁신생태계 조성자' 역할도 충실히 하자는 것이다.

　슘페터식 정책 대안들은 장기적인 효과를 기대하는 것이다. 따라서 현재와 같은 정치 현실에서는 이를 추진하기가 쉽지 않을 것으로 예상된다. 노무현 정부의 '비전 2030'이 그러했듯이, 여야 정치권이나 이해집단 그리고 국민들이 인내심을 갖고 기다려줄 것인지는 무척 우려되는 부분이다.

이 책이 제시하는 성장정책들에 대해 슘페터 이론의 신빙성을 들어 비판할 수도 있을 것이다. 슘페터는 자본주의가 혁신에 의해 발전하지만, 결국은 그 성공 때문에 멸망하고 사회주의가 이를 대체한다고 주장했기 때문이다. 슘페터가 살던 시대는 2차 산업혁명이 꽃피던 시기였다. 지금 우리는 3차 산업혁명을 거쳐 4차 산업혁명 시대에 들어서고 있다. 우리는 사회주의·공산주의의 종말을 보았지만, 슘페터는 냉전시대가 시작되던 시점에 세상을 떠났다. 사회주의·공산주의의 종말은 상상도 못했을 것이다. 슘페터는 자본주의의 종말을 주장하고자 한 것이 아니다. 공급 혁신에 의한 자본주의 발전이 아무리 이룩되어도 자본주의가 인간생활의 근본 문제를 해결할 수 없다는 더 철학적인 생각이다. 이것을 가지고 슘페터가 주장하는 공급 혁신의 유용성을 부정해서는 안 된다.

나는 국가의 정책, 정책으로부터 정해지는 제도에 의해 국민들의 행동과 생활양식 그리고 관습조차 결정된다고 믿는다. 소위 말하는 '민족성'도 고정적으로 정해져 있는 것은 아니라고 생각한다. 여기서 민족성이란 그 민족의 문화, 사회적 가치관, 노동윤리 등을 포함한다. 모든 국민은 정해지는 정책과 제도에 적응하기 마련이다. 좋은 방향이든 나쁜 방향이든 적응해야 한다. 생존의 문제이기 때문이다. '진화론'까지 거론할 필요도 없다. 결과적으로 정책과 제도는 한 국가의 지속적 번영 여부의 핵심 열쇠다. 국가의 흥망성쇠는 어떠한 정책과 제도가 실시되느냐에 달려 있다.

참고1 ──────────────── **영국의 슘페터식 근로복지국가**

(1) 슘페터식 근로복지국가란?

슘페터식 근로복지국가Schumpeterian Workfare State는 영국의 좌파 정치경제학자 밥 제숩Bob Jessop이 1993년 처음 주창한 경제 패러다임이다.[60] 노동시장의 유연성 제고, 규제완화 등 공급 측면의 혁신을 중시하는 슘페터식 경제정책과 일자리와 연계된 복지를 강조하는 근로복지국가 이론을 결합한 것이다.

슘페터식 근로복지국가는 제2차 세계대전 후 세계 각국

---

60 Jessop,B(1993) "Towards a Schumpeterian Workfare State? Preliminary remarks on post-Fordist political economy", Studies in Political Economy, 40, 7-39.

이 목표로 삼아온 케인스식 복지국가Keynesian Welfare State의 한계와, 이에 대한 반작용으로 1980년대에 확산된 신자유주의 경제정책의 문제점을 동시에 극복하려는 시도라고 할 수 있다.

케인스식 복지국가는 적극적인 재정정책을 통해 완전고용과 보편적 복지를 추구해왔으나 1970년대 오일쇼크 이후 경기침체와 고실업, 경제 전반의 낮은 생산성, 복지지출 증가에 따른 정부재정 악화로 한계에 봉착했다. 이후 등장한 신자유주의적 경제정책은 규제완화, 민영화, 복지 축소 등 공급 측면의 개혁을 통해 경쟁력을 회복하고 국가재정을 효율화하는 데 성공했지만 실업이 증가하고 소득 불평등이 확대되어 사회 갈등이 심화되었다. 대처리즘으로 대표되는 보수당의 신자유주의 정책은 영국병, 즉 고비용·저효율의 노동시장과 과도한 복지에 따른 낮은 생산성 문제를 치유하는 데 어느 정도 성공했지만, 소득격차가 확대되고 빈곤층이 증가하는 문제를 낳았다.

슘페터식 근로복지국가는 규제완화와 노동시장 개혁 등 공급 측면의 혁신을 강조하는 신자유주의 개혁을 통해 케인스식 복지국가의 약화된 경쟁력을 보완하되 근로복지 개념을 통해 복지국가의 전통도 발전적으로 계승하려고 한다. 슘페터식 근로복지국가의 세 가지 핵심 정책은 노동시장의 유연성 강화, 근로와 복지의 연계 그리고 혁신이다.

① 노동의 경직성 타파를 위해 고용보호 규제를 축소 또

는 폐지한다. 영국 신노동당New Labor 정부는 실업을 줄이려면 신자유주의적 경제개혁이 불가피하다는 점을 인정하고 전통적 지지층인 노조의 반발을 무릅쓰며 보수당의 노동시장 유연화 정책기조를 수용했다.

② '고용기회의 제공이 최선의 복지'라는 인식을 바탕으로 근로와 연계한 선별적 복지정책을 시행한다. 복지 수급자의 노동시장 편입을 촉진하기 위해 교육 등 구직 노력과 일정 요건을 충족하는 실업자에 한해서만 선별적으로 복지 혜택을 제공한다.

③ 혁신과 신산업 육성을 통한 경쟁력 제고를 경제정책의 최우선 목표로 설정한다. 규제완화, 교육개혁, 과학기술 인프라 지원 등 기업의 혁신 기반 확대에 주력한다.

(2) 영국 신노동당의 경제정책에 미친 영향

영국의 신노동당은 '제3의 길'을 천명하며 슘페터식 근로복지국가 개념을 경제정책의 기본노선으로 채택했다. 토니 블레어 총리의 정치고문 앤서니 기든스Anthony Giddens는 1998년 신자유주의와 사회민주주의를 극복하는 방안으로 경제성장과 사회통합을 동시에 추구하는 '제3의 길Third Way'을 제시했다. 《제3의 길》에 슘페터식 근로복지국가라는 용어가 명시적으로 등장하지는 않지만, 전문가들은 슘페터식 근로복지국가 개념이 '제3의 길'에 상당한 영향을 준 것으로 분석하고 있다. 영국의 사회학자 루스 리스터Ruth Lister는 "케인스식 복지국가와 신자유주의 경제정책의 부정적인 측면을 지양하는 슘페터식 근로복지국가 개념이 '제3의 길'의 이론적 기반으로 연결"되었다고 말한다. 미국 UC 버클리대 사회복지학과의 닐 길버트Neil Gilbert 교수는 "'제3의 길'은 슘페터식 근로복지국가 개념이 영국 신노동당의 경제·사회 정책 아젠다로 구체화된 것"이라고 평가한다.

(3) 슘페터식 근로복지국가의 성과

영국의 신노동당 정부는 슘페터식 근로복지국가 이론에서 주장한 혁신과 노동의 유연성 정책을 통해 저성장과 고실업을 극복했다고 평가받는다.

신노동당 정부의 집권 10년간(1997~2007) 연평균 경제성장률이 3.0%로 이전 보수당 정부(1979~1997)의 2.2%를 크게 상회했다. 실업률은 보수당 정권 말기인 1996년 8.1%에서 2007년에는 5.4%로 감소했다. 특히 1998~2001 68.4만 명의 청년 실업자가 청년뉴딜프로그램에 참여해 절반에 가까운 32만 명이 취업에 성공함으로써 청년 실업률이 1970년대 중반 이후 최저 수준으로 낮아졌다. 해외기업들의 대영 직접투자FDI 규모도 보수당 정부(1986~1996) 때는 2012억 달러였던 것이 신노동당 정부(1997~2007) 시기에는 9684억 달러로 4.8배 증가했다.

일각에서는 영국 신노동당 정부가 저임금 일자리를 양산하고 근로자들의 실질임금을 감소시켜 부의 양극화를 초래했다고 평가한다. 하지만 이는 전 세계적인 현상이었다. 영국경제는 글로벌 금융위기 이후 G7 국가 중 가장 빠른 회복세를 보였으며 72%에 달하는 높은 고용률을 유지하고 있다.

또한 영국 신노동당 정부의 혁신과 개방정책은 금융업 일변도였던 영국의 산업구조를 IT와 신산업 중심으로 전환하는 데 기여했다. 런던이 우수한 인재와 자본을 끌어모으며 유럽의 실리콘밸리로 부상했다. 런던의 스타트업 기업은 2010년 5.5만 개에서 2013년 8.8만 개로 60% 증가했으며, 2013년 말 런던의 IT산업 종사자는 38만 명으로 미국 실리콘밸리의 40만 명에 육박한다. 조지 오스본 영국 재무장관은 "영국경제의 성장동력은 우주항공 산업과 같은 거대 산업이 아니라 혁신적인 아이디어로 블루오션을 개척하는 스타트업이다."라고 말한다. 뿐만 아니라 신노동당 정부가 집권한 1997년부터 2004년까지 광고, 건축, 디자인, 패션, 음악, 스포츠 등 영국정부가 집중적으로 육성해온 13개 창조산업이 동기간 경제성장률(3.1%)보다 높은 연평균 5%의 성장률을 기록했다.

우리나라는 정권이 바뀔 때마다 노동개혁을 핵심 아젠다로 추진해왔지만 '정규직 일자리 보호' 외에 생산적인 노동개혁에는 실패했다.

노동개혁의 성공은 1998년 김대중 정부 당시 노사정위원회가 '경제위기 극복을 위한 사회협약'을 체결하고 노동법을 개정했던 것이 유일한 사례였다. 노무현 정부는 2006년 기간제·파견직에 대한 고용기간을 2년으로 제한해 비정규직 활용을 제한했으나 정규직·비정규직 간 차별 해소에는 실패했다. 이명박 정부는 2010년 복수노조 시행 등 노조의 권리를 강화했고, 박근혜 정부도 2013년 정년 60세 의무화로 정규직 일자리 보장을 강화했다. 박근혜 정부의 노동개혁안은 파견허용업무 확대 외에는 통상임금 입법화, 근로시간 단축, 산업재해 범위 확대 등 노동의 유연성과는 거리가 먼 정책들이었다.

결과적으로 우리나라 노동시장은 갈수록 경직성이 심화되고 있다. 2006~2013년 노동시장 경직성 지수를 비교해보면 OECD 평균은 29.5점에서 28.3점으로 1.2점 하락했으나 한국은 28.3점에서 35.8점으로 7.5점 상승했다.

진보와 보수 모두 우리나라와 토대가 전혀 다른 과거 유럽식의 노사정 대타협 모델만 고집하는 것도 노동개혁 실패의 원인 중 하나다.

스웨덴, 네덜란드 등 노사정 대타협의 성공 모델로 평가받아온 과거 유럽 국가들은 노조와 사용자단체가 오랜 기간에 걸쳐 잘 조직화되어왔기 때문에 노사 양쪽 모두 대표성을 갖고 전국 차원의 협상과 양보가 가능하며, 정부와 긴밀하게 협조하는 전통도 보유하고 있다. 특히 스웨덴의 경우, 노조 조직률과 사용자단체 가입률이 각각 70%, 80% 수준에 달하기 때문에 대표성을 가진 노사 대표가 협상을 일괄 타결할 수 있으며, 경제 현안에 대해 사민당 정부-노조총연맹-사용자총연맹 3자가 협의하고 양보하는 노사정 협의 구조가 정착되어 있다.

반면에 우리나라는 노조 가입률이 10%에 불과해 노조가 대표성을 인정받기 어렵고, 대화 당사자인 몇 개 노총과 사용자단체는 법적으로 단체협상권도 없는데다가 실제 단체교섭은 기업 단위에서 이루어지기 때문에 전국 단위 노동 현안을 합의하기도 어려운 구조다. 그런데도 역대 정부가 모두 노사정 모델에 집착하는 것은 개혁의 내용보다 정치적 모양새 만들기에 지나치게 신경쓰기 때문이다.

최근 유럽에서는 노사정 기구가 아니라 정부 주도로 노동개혁을 추진하는 경우가 많다는 점을 주목할 필요가 있다.

독일은 2003년 사회민주당의 슈뢰더 총리가 전문가로 구성된 노동시장개혁위원회의 주도로 하르츠 개혁을 단행했고,

스페인은 2010년 전국노총의 총파업과 이후 여러 차례의 협상 결렬에도 불구하고 2012년 정부가 개혁을 추진하여 경영상 해고사유 확대, 정리해고 사전 허가의무 폐지, 부당해고 수당 삭감, 무기 근로계약 도입 등의 성과를 냈다. 또한 이탈리아는 최대 노조조직인 CGIL과 산하 금속노조 FIOM 등이 파업에 돌입했으나 2015년 의회에서 해고 합의 소요시간 단축, 객관적 사유에 의한 해고 시 노동법원 심리 생략, 준정규직제도 도입 등을 승인했다. 그리고 프랑스의 올랑드 정부는 전국노총과 학생들의 수개월간의 격렬한 항의 시위에도 불구하고 2016년 5월 '긴급명령권(헌법 49조 3항)'을 이용해 의회 표결을 거치지 않고 법 개정을 단행해 근로시간 확대 허용, 경영상 해고요건 명문화 등의 노동법 개정안을 통과시켰다.

독일(사민당), 이탈리아(민주당), 프랑스(사회당)의 노동개혁은 진보 정당들이 노동개혁에 대한 언론과 학계 등의 사회적 공감대를 바탕으로 신속하게 추진한 것이 특징이다. 유럽의 언론들은 노조가 납득할 수 없는 이유로 개혁을 반대하고 파업하자 노조를 '많은 보수를 받는 관료' '노동시장 인사이더'로 표현하며, 경제개혁에서 고통 분담을 외면하는 소수의 이익단체로 규정하고 강하게 비판했다. 또한 학계를 중심으로 경기침체와 실업률 해결을 위해 노동시장의 유연성을 제고해야 한다는 사회적 공감대가 형성되어 있다. 일례로 노벨

경제학상을 받은 장 티롤과 IMF 수석 이코노미스트를 지낸 올리비에 블랑샤르 등 31명의 저명한 프랑스 경제학자들은 2016년 3월《르 몽드》에 프랑스 노동법 개정에 찬성하는 공동 기고문을 보낸 바 있다.

우리나라의 노동시장 개혁은 영국의 현행 수준을 참고하여 추진하는 것이 바람직하다.

	영국의 현행 법	한국의 법 개정 방향
정규직 규제	• '근로자 능력 부족' 이유로 해고 가능 *'능력'은 기술, 재능, 건강, 기타 신체적·정신적 특성을 의미	• '근로자 성과 저조' 이유로 해고 가능 *'성과 저조'의 범위를 하위 1% 인력으로 명시(시행령)
	• 부당해고 시 법원 결정을 통해 보상금 지급으로 근로관계 종료	• 부당해고 시 법원은 근로자 또는 사용자 신청에 따라 보상금 지급으로 근로관계 종료 결정
	• 사업정리, 사업장 폐쇄, 현재 또는 미래 업무 감소를 이유로 정리해고 가능 • 노조와 협의기간 30~45일 (해고 규모에 따라 상이)	• '경영합리화를 위한 구조조정' 이유로 정리해고 가능 • 노조와 협의기간 30일로 단축 (현행 50일)
비정규직 규제	• 계약직 한정 4년 고용 제한, 4년 초과 시 정규직 간주 (파견직 고용기간 제한 없음)	• 계약직·파견직, 4년 고용 제한 또는 고용기간 제한 폐지
	• 파견업체 허가제 폐지(94년) 등 근로자 파견 업종 제한 없음	• 파견 허용금지 업종만 규정 • 제조·생산업무 파견 허용

공급 목표

○ 우리나라 전체 가구(1956만 가구)의 4분의 1 이상이 임대주택에 살 수 있도록 공공임대주택을 대규모로 공급한다(500만 호).

○ 공급 목표인 500만 호 중 이미 확보되어 있는 170만 호(5년, 민간매입 포함) 외에 추가로 330만 호를 향후 10년간 공급한다. 현재 우리나라의 장기임대(10년 이상) 주택 재고 비율은 5.5%에 불과하다.

○ 330만 호 중 1단계로 200만 호(향후 5년), 2단계로 130만 호(수급 여건 감안)를 추진한다.

임대주택 공급 및 운영 방식의 차별화

○ 기존의 대규모 단지 신규 건설 방식을 지양하고, 매입 방식 위주로 공급하며 국공유지 및 그린벨트 등을 활용한 소규모 복합 개발방식 등을 병행한다.

○ 저소득층을 포괄하면서 모든 계층을 대상으로 임대주택을 공급하되, 결혼하는 청년층(신혼부부)에게 우선적으로 공급하는 방안을 검토한다.

○ 기존 3~4인 가족 위주에서 1인 가구(청년·고령), 육아세대, 3세대 등 다양한 가구 유형을 포괄한다. 1~2인 가구는 2014년

(만 호)

		2016년	2017년	2018년	2019년	2020년	2021년	2022년
총가구수		1,894.8	1,918.7	1,942.1	1,965.6	1,987.8	2,010.6	2,033.4
공공임대주택	건설임대	79.0	86.0	96.0	106.0	116.0	126.0	251.9
	매매임대	10.4	11.7	18.6	25.4	32.3	39.2	45.9
	전세임대	20.3	23.0	40.2	57.3	74.5	91.6	108.8
	소계(누적)	109.7	120.7	154.7	188.7	222.8	256.8	406.7
공급 비율		5.8%	6.3%	8.0%	9.6%	11.2%	12.8%	20.0%
사업비(조원)				38.2	170.1	45.1	38.7	38.7

연도별 공공임대주택 공급 전망

52.7%에서 2025년에는 62.5%로 증가할 전망이지만, 여전히 공공임대주택 정책의 사각지대다. 특히 저소득층(1~4분위) 내에서 1~2인 가구의 비중이 2014년 기준 52.8%나 된다.

1단계 공공임대주택 공급 규모: 200만 호

① 다세대·다가구·단독 등 기존 주택 매입 : 30만 호(향후 5년)

LH주택공사가 2015년 말 전체 공공임대 보유 물량 74만 호 중 8.8%인 6.7만 호를 매입 방식으로 확보한다(수도권 50%, 광역시 28%, 기타 지역 22%). 매입가격(호당)은 서울 2.1억 원, 수도권 1.4억 원, 전체 평균 1.1억 원 선이다.

② 하우스푸어 등 임대 전환을 원하는 주택의 인수: 150만 호(향후 5년)

주택담보대출 부실 위기에 처한 하우스푸어를 대상으로 공공부문이 감정가로 매입하되, 5년 후 환매조건부 재매입 옵션을 붙인다.

③ 국공유지, 그린벨트 등을 활용한 소규모 복합개발: 20만 호(향후 5년)

공공·민간이 협력하여 주거시설, 커뮤니티 시설, 공익시설, 수익시설을 복합개발한다.

소요 재원(1단계, 200만 호 기준) : 195조 원[61]

① 다세대/다가구 등 기존 주택 매입: 30조 원

30만 호×1.05억 원(호당 사업비 1.5억 원-임대보증금 4500만 원 (30%))

② 하우스푸어 등 주택 인수: 150조 원

150만 호×1.0억 원(호당 사업비 2.5억 원-임대보증금 1.5억 원 (60%))

③ 신규 건설: 15조 원

20만 호×7500만 원(호당 사업비 1.5억 원-임대보증금 7500만 원 (50%))

---

61 사업 2차년도인 2019년에 건설임대의 토지보상비가 집중되어 사업비가 크게 증가할 것으로 예상된다.

──────────────── **수도권규제완화특별기금 설치 방안**

(1) 수도권규제완화특별기금의 설치

비수도권이 수도권 규제완화에 찬성할 수 있도록 수도권 규제완화 이후 발생하는 세입의 상당 부분을 비수도권으로 이전하는 방안을 추진한다. 수도권 규제완화가 없었다면 발생하지 않을 세입이기 때문에 비수도권의 규제완화 찬성 결정에 대한 경제적 부수효과로 정당성을 부여할 수 있다.

수익 이전 방법은 현행 지역발전특별회계와 같은 예산 형식보다 지역상생발전기금과 같은 기금 형태로 추진하는 것이 바람직하다. 예산은 관련 법률에 의거 세입·세출의 일반적인 예산편성 과정을 거쳐야 하고, 매년 국회 예산심사 등의 변수가 있어 수익의 안정적 이전에 불리하다. 반면에 기금은 별도 법률을 통해 특정 목적을 위한 특정 자금의 신축 운용이 가능하기 때문에 수익 이전과 재원 사용 측면에서 유리하다.

기금의 재원으로는 수도권 규제완화 이후부터 발생한 기업의 신규 투자 관련 국세 및 각종 부담금 일부와 지방세 전부를 출연한다. 투자 시점에서 발생하는 취득세, 등록세, 관세(설비 수입) 등과 투자 이후 시점부터 부과하는 법인세, 재산세, 법인지방소득세, 농어촌특별세, 광역교통시설부담금, 기반시설부담금 등이 대상이다. 이 중 수도권 규제완화로 투자

유치 혜택을 누리는 수도권 지자체에 수혜자부담원칙을 적용하여, 지방세에 해당하는 취득세, 등록세, 재산세, 법인지방소득세 등의 지방세는 전액 기금으로 출연한다.

기금은 수도권 규제완화가 완료된 시점부터 기업의 투자 검토와 착수, 비수도권으로의 수익 이전 기간 등을 고려해 15년간 한시적으로 운영한다. 정책자금은 복지제도와 같이 하방 경직성을 가지기 때문에 쉽게 폐지할 수 없으므로 도입 초기에 한시 운용 조건이 절대적으로 필요하다.

(2) 수도권규제완화특별기금 운용을 위한 별도의 독립조합 설치

기금 운용의 전문성과 조합회의의 합리적 의사결정구조 확보를 위해 전문 기금운용조직을 설치한다. 12개 시·도로 구성된 조합에서 전체 회의를 열어 조합규약에 따라 기금운용계획을 심사·의결한다.

기금운용의 자율성 확보를 위해 비수도권 지자체들로만 구성되는 조합을 결성하도록 하고 조합회의에서 기금운용계획을 결정한다. 예를 들어 시·도별로 제출된 인프라 사업계획 중 사업성이 확보되고 실효성이 높은 사업에 선별 투자한다.

기금운용은 단순한 세입 이전, 금전적 보상을 넘어 재정분권이라는 지방자치의 핵심 권한을 넓히고 새롭게 정립해나가는 의미가 있다. 정치적·경제적 명분이 충분하기 때문에 지

추진 정책	소관 부처
비수도권 이전 기업 세제 감면(10년 한시)	기획재정부
비수도권 낙후지역 입주 기업 세제 감면(법인세 등)	기획재정부
비수도권 창업보조금 (제조업) 지원	산업자원부/중소기업청
비수도권에 저가(원가 3%) 산업용지 우선 배정	산업자원부/국토교통부

비수도권 이전 기업 대상 정부지원정책[62]

역 여론도 반대하지 않을 것으로 예상된다.

(3) 수도권규제완화특별기금사업 추진 방향

수도권규제완화특별기금은 비수도권 이전 기업을 대상으로 지원하고 있는 각종 지원정책과 구분해 기업 유치 환경 개선사업에 한해 사용하는 것이 바람직하다.

현재 수도권 기업의 비수도권 이전 유치를 위해 정부는 물론 비수도권 지자체별로 다양한 지원정책을 추진 중이다. 비수도권으로 이전하는 기업에 대해 정부는 세제 감면이나 입지 지원을, 해당 지자체는 보조금 등을 지원하고 있다.

하지만 이러한 지원정책 대부분은 세제 감면과 국고보조

---

62 출처: 기업 이전 및 지방투자지원시스템(COMIS)

금 등 개별 기업 단위에 직접 제공되는 것으로 실효성은 있는 것으로 평가되지만, 비수도권의 전반적인 투자환경 개선에는 한계가 있다. 따라서 전문 인력 확보 및 인프라 같은 투자환경 전반에 대한 추가 대책이 필요한 현실이다.

실제로 수도권에 버금가는 기업환경이 조성되지 않는 한 기업 이전이나 투자 유치는 사실상 불가능하다. 중국에 진출해 있는 한국기업을 대상으로 설문 조사한 결과 인프라와 우수인력 수급 부문에 집중 투자가 필요한 것으로 조사되었다.

기금의 활용 방안

① 초기에는 인프라 투자보다 물류비와 인건비 등 기업 이전에 직접적으로 도움이 되는 지원에 집중해야 한다.

○ 수도권 신규 투자에 대한 세입을 재원으로 하는 특별기금의 특성상 초기보다 중기 이후부터 본격적인 재원 확충이 예상된다. 기업 이전에 먼저 힘을 쏟지 않고 초기부터 인프라 건설에 집중할 경우 사용자 없는 인프라 사업을 추진할 리스크가 있으므로 초기에는 직접 지원이 적절할 것이다.

○ 인프라 건설에는 많은 시간이 소요되기 때문에 조기 성과 도출이 어려울 뿐만 아니라 인프라 건설이 완료된 후 기업의 비수도권 이전 실적이 미흡할 경우 투자가 사실상 무용지물이 되고 말 위험도 있다.

이전 기업 지원정책 실효성 평가[63]

항목	값
세제 감면	0.313
국고보조금 지원	0.249
저렴한 공장부지	0.139
LH 종전부지 매입	0.105
기업자금 대출지원	0.089
이전 부지 용도변경	0.057
이전 기업 행정지원	0.048

이전 기업의 추가 요구

항목	값
전문인력 확보 곤란	0.235
접근성 및 물류비	0.207
SOC 부족	0.156
R&D 인프라 부족	0.098
시장정보 부족	0.084
생활편의시설 미비	0.051

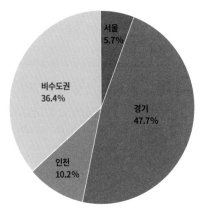

한국 U턴 희망지역[64]

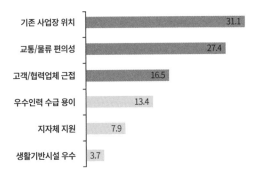

수도권 희망 이유

---

63 출처: 김태현(2012) 〈수도권 기업의 지방이전과 지원정책: 충청권 기업의 인식〉
재구성.

64 출처: 코트라(2013)

○ 비수도권 이전에 따른 기업 부담을 비용으로 산정해 보조금 형식으로 즉각 지원하는 것이 조기 성과 도출에 유리할 것이다. 조합 산하 기금운용조직이 지자체별 지리적 특성 등을 감안해 차등 산정하되 기존의 각종 보조금과 연계하지 않고 별도의 인센티브로 지급해야 한다.

② 본격적인 수도권 투자가 예상되는 중기 이후부터는 인프라 확충과 지역 대학 육성사업 등 비수도권의 기업환경 개선사업에 집중 투자한다.

○ 수도권 규제완화 후 최소 3~5년은 지나야 본격적인 기금 적립이 가능할 것이다. 기업의 투자계획 변경 및 수립, 수도권 내 투자지역 물색과 토지 매입, 공사 착공 및 시설 운영 등 일련의 투자 프로세스 등을 고려하여 판단해야 한다.

○ 물류비와 인건비 지원정책에 집중하는 초기 기간에 조합은 비수도권 인프라 개선을 위한 중장기 마스터플랜과 세부 집행계획을 수립해야 한다. 기금 운용 초기 기간 동안의 기업 이전 실적 등을 마스터플랜에 반영하도록 하여 비수도권 지자체 간 경쟁을 유도하고, 특히 수도권 규제완화 이후 발생한 기금 수입과 기금 지원으로 이전한 기업의 인프라 실수요 등을 종합적으로 분석해 계획을 수립해야 한다.

○ 인프라 건설 사업은 사업계획의 타당성과 해당 지자체의 재정 여건 등을 복합적으로 판단해 특별교부금 형태로 지원해야 한

다. 인프라 사업의 규모와 파급 영향 등을 고려해 기금 단독사업 추진을 지양하고, 정부로부터 예산이 확보된 사업 중 해당 지자체 재정 여건으로 매칭펀드가 어려운 사업을 중심으로 지원해야 한다.

○ 이전 기업의 인력 수급 여건 개선을 위해 지역별 '대학·고교 맞춤형 인재 양성'에 기금 재원 일부를 투자한다. 현재 일부 대기업이 운용 중인 '지방대 우대 채용제도'나 '대학입학 농어촌 특별전형제도'를 차용한다.

　일본에서는 농어촌 지방자치단체의 세수 증대를 위해 2008년 후루사토故鄕 납세제도를 도입했다. 2007년 참의원 선거를 앞두고 대도시와 농어촌 간 세수 격차를 완화하는 방안으로 자민당 정부가 '고향사랑 납세제도'를 제안한 것이 발단이었다. 도쿄, 오사카, 나고야 등 3대 도시권으로 인구와 경제력 집중이 가속화되는 상황에서, 대도시에 살고 있는 주민이 자신을 길러준 고향에 자신의 의사에 따라 지방세를 낼 수 있도록 하자는 취지였다. 지방세법의 일부를 개정하여 고향에 기부금을 납부하면 이를 거주지 주민세에서 공제해주는 방식이다. 개인 총소득의 30%까지 소득공제, 주민세의 10%까지 세액공제가 가능하다.

　하지만 후루사토 납세는 고향납세분을 지방세에서 공제하므로 지방정부 간 제로섬zero-sum 게임의 성격을 띠게 되고, 공제율에도 한계가 있다. 수도권 지방세를 덜어서 고향에 납부하도록 하는 것이므로 자치단체 간 불균형 해소에는 다소 도움이 되었지만 지방재정의 평균 자립도는 변하지 않았다. 수도권 지방세를 줄이는 데에도 한계가 있기 때문에 세액공제의 한도를 지방세의 10%로 낮게 설정할 수밖에 없어 불균형 완화 효과는 미약했다.

벤처중소기업부 신설

미국의 경우, 대통령 직속의 독립기구인 중소기업청에서 벤처 정책을 담당하고 있다. 연방정부의 여러 기관들이 벤처·중소기업 관련 계획을 수립하거나 법령을 제정 또는 개정할 때 중소기업청과 협의해야 한다. 중소기업청은 각 부처의 벤처·중소기업 관련 정책을 평가하고 그 결과를 대통령과 의회에 보고하며, 의회는 실적이 부진한 기관의 책임자를 의회에 출석시켜 원인을 파악하고 해결 방안을 모색한다.

일본의 경우에도, 경제산업성의 외청인 중소기업청이 벤처·중소기업에 관한 정책을 종합적으로 평가하고 조정하는 역할을 수행한다. 중소기업청이 금융, 세제, 경영혁신, 기술, 창업 관련 지원 프로그램과 예산을 총괄하고 경제산업성이 정책 수립과 법률 제정 등 간접적인 지원을 담당하는 형태다. 또한 벤처와 기술혁신에서 앞서가는 이스라엘은 경제부 산하의 수석과학관실에서 벤처 및 R&D 정책을 총괄하고 있다.

이러한 외국의 사례들을 참조하여 우리 식의 벤처중소기업부 신설 방향을 다음과 같이 생각해볼 수 있다.

○ 현 중소기업청의 조직을 장관과 1·2차관 형태로 개편하여 1차

관은 중소·중견기업 정책, 2차관은 벤처 정책을 담당하도록 조정한다.

○ 미래부 등 타 부처에서 추진 중인 사업과 기능을 통합한다. 예를 들어 미래부 정보통신산업정책과, 문화부 문화산업정책과, 산업부 지역산업과의 벤처·중소기업 정책 담당 인력을 벤처중소기업부로 이관한다.

○ 산업자원통상부의 경우 차제에 산업 부문(산업정책실, 산업기반실)을 완전히 벤처중소기업부로 이관하고 자원과 통상 중심 부처로 변신하는 방법을 생각해볼 수 있다.

○ 대기업은 정부의 산업 정책이나 보호보다는 대외적인 통상 차원에서의 도움이 필요하며, 국내 산업적 보호는 중소기업의 영역에서 필요한 것이다.

○ 벤처 관련 전문 인력을 민간에서 대폭 보강하여 벤처투자와 인큐베이팅에 대한 전문성을 제고한다.

○ 벤처 관련 정부사업이 벤처중소기업부로 통합되면 기존에 부처별로 집행되던 홍보 등 전시행정 예산(미래부 279억 원, 창의재단 9.5억 원 등)을 벤처에 대한 직접투자 재원으로 활용하는 부수적인 효과도 기대할 수 있다.

산업은행 개편

일본은 일본개발은행 외에 2009년 산업혁신기구를 설립하여 기업 구조조정, M&A, 벤처투자를 지원하고 있다. 산업혁신기구는 민관이 공동 출자한 주식회사 형태이지만 자본금 3000억 엔 중 95.3%를 정부가 출자한 사실상의 정책금융기관이다. 현재 아베 정권은 산업혁신기구를 아베노믹스의 실행기구로 활용 중이다. 2016년 12월 기준 총투자 106건, 8321억 엔 중 구조조정 지원이 4630억 엔으로 절반을 차지하지만 벤처에 대해서도 83건, 1940억 엔이나 투자했다. 건수로는 78%, 금액으로는 23%에 해당한다.

현재 우리 산업은행의 조직은 9개 부문, 6개 본부, 53개실로 구성되어 있다. 이 중 9개 부문은 다시 관리 기능의 정책기획, 경영관리, 리스크관리의 3개 부문과 창조성장금융, 심사평가, 기업금융, 글로벌사업, 자본시장, 구조조정의 6개 부문으로 조직되어 있다. 벤처지원 중심으로 산업은행 조직을 개편하는 기본방향은 다음과 같다.

- ○ 6개 부문 중 벤처를 담당하는 창조성장금융 부문을 대폭 확대한다.
- ○ 구조조정을 지원하는 구조조정 부문은 유지하되 대기업·중견기업 금융과 관련된 심사평가 부문, 기업금융 부문, 자본시장 부문은 통합한다.
- ○ 책임감 있는 벤처투자를 이끌어내기 위해서는 효과적인 인센

티브 체계가 중요하기 때문에 합리적인 성과급 체계를 도입해야 한다.

일각에서는 국가의 정책금융기관이 리스크가 큰 벤처투자를 확대하는 것에 대해 부정적인 의견을 제기할 수도 있다. 그러나 정책금융 본연의 역할이 '잠재력은 있으나 민간이 투자를 꺼리는 분야에 자금을 공급하는 것'이라는 점을 상기해야 한다. 과거 중화학공업이 1970년대의 성장동력이었다면 현재 벤처가 미래의 성장동력이라는 점에서, 산업은행의 기능을 벤처지원 쪽으로 선회하는 것은 오히려 진작에 해야 할 일이었다고 볼 수 있다.

우리나라와 싱가포르는 국가 규모, 지리상의 위치 등에서 차이가 있지만, 플랫폼 국가로 나아가기 위해서는 탄탄한 성장세를 지속하고 있는 싱가포르를 벤치마킹할 필요가 있다.

한국의 1인당 GDP는 수년간 2만 달러대에 머물러 있는 반면, 싱가포르의 1인당 GDP는 1995년 2만 4937달러에서 2015년 5만 2889달러로 크게 증가했다. 싱가포르는 지속적인 개방과 혁신전략을 통해 조립가공형 제조업 중심의 산업구조를 제약·바이오, 금융 등 고부가 신산업, 사업서비스, 관광 중심으로 고도화하는 데 성공을 거두었다.

싱가포르는 인적 자원, 기업, 기술과 자본이 부족한 도시국가의 한계를 극복하기 위해 1965년 건국 이후 지금까지 지속적으로 열 수 있는 것은 다 여는 '최대한의 개방정책'을 추진해오고 있다. 특히 2000년대부터 개방과 해외기업 유치 정책을 더욱 확대한 결과, 현재 글로벌기업 7000여 개와 지역본사Regional HQ 500여 개를 유치하고 있다. 이에 비해 한국에 소재하는 글로벌 기업의 지역본사는 93개에 불과하다(2013년 기준).

싱가포르는 2008년 법인세를 20%에서 18%로 인하했으며 지역본부 설립 시 법인세 15%의 우대세율을 3년간 적용하고, 국제본부International HQ 설립 시 5~20년까지 법인세 감면의 특별우대 조치를 시행 중이다.[65] 싱가포르에는 현재 인구의 30%인 163만 명의 외국인이 거주하고 있는데, 이중 고급인력이 11만 명이며 신생 스타트업의 40%가 이민자에 의한 창업이다.

65 최영석(2011), 〈싱가포르, 해운 클러스터로 경쟁력 유지〉, 해외동향, 한국해양수산개발원.

경제철학의 전환

초판 1쇄 발행   2017년 6월 25일
초판 4쇄 발행   2018년 4월 25일

지은이   변양균
책임편집   이기홍
디자인   주수현 정진혁

펴낸곳   바다출판사
발행인   김인호
주소   서울시 마포구 어울마당로5길 17 5층(서교동)
전화   322-3885(편집), 322-3575(마케팅)
팩스   322-3858
E-mail   badabooks@daum.net
홈페이지   www.badabooks.co.kr
출판등록일   1996년 5월 8일
등록번호   제10-1288호

ISBN   978-89-5561-934-8 03320